De la relation d'aide à la relation d'êtres

Histoire de Vie et Formation

Collection dirigée par Gaston Pineau

avec la collaboration de Bernadette Courtois, Pierre Dominicé, Guy Jobert, Gérard Mlékuz, André Vidricaire et Guy de Villers

Cette collection vise à construire une nouvelle anthropologie de la formation, en s'ouvrant aux productions qui cherchent à articuler "histoire de vie" et "formation". Elle comporte deux volets correspondant aux deux versants, diurne et nocturne, du trajet anthropologique.

Le volet ***Formation*** s'ouvre aux chercheurs sur la formation s'inspirant des nouvelles anthropologies pour comprendre l'inédit des histoires de vie. Le volet ***Histoire de vie***, plus narratif, reflète l'expression directe des acteurs sociaux aux prises avec la vie courante à mettre en forme et en sens.

Titres parus

Volet : *Formation*

Hervé PREVOST, *Commencer à gagner sa vie sans la perdre*, 2005.

Jérôme ENEAU, *La part d'autrui dans la formation de soi,* 2005.

Malika LEMDANI BELKAÏD, *Transhumer entre les cultures,* 2004.

Claire HEBER-SUFFRIN, *Quand l'université et la formation réciproque se croisent*, 2004.

N. BLIEZ-SULLEROT et Y. MEVEL, *Récits de vie en formation : L'exemple des enseignants*, 2004.

Jean-Yves ROBIN, Bénédicte de MAUMIGNY-GARBAN et Michel SOËTARD (*sous la dir.*), *Le récit biographique* (2 tomes), 2004.

Patrick PAUL, *Formation de vie et transdisciplinarité*, 2003.

Myriam HUGON, *Les bégaiements du secret*, 2003

Fabienne CASTAIGNOS LEBLOND : *Le vacarme du silence : la transmission intergénérationnelle des situations extrêmes*, 2002.

C. NIEWIADOMSKI et G. de VILLIERS, *Souci et soin de soi*, 2002.

Didi VAN DE WIELE, *Bâtir sa vie... surtout vers la fin*, 2002.

Christophe Gaignon

De la relation d'aide à la relation d'êtres

La réciprocité transformatrice

Préface de Guy Ausloos
Postface de Jeanne-Marie Rugira

L'Harmattan
5-7, rue de l'École-Polytechnique ; 75005 Paris
FRANCE

L'Harmattan Hongrie
Könyvesbolt
Kossuth L. u. 14-16
1053 Budapest

Espace L'Harmattan Kinshasa
Fac. Sciences. Soc, Pol. et Adm.
BP243, KIN XI
Université de Kinshasa – RDC

L'Harmattan Italia
Via Degli Artisti, 15
10124 Torino
ITALIE

L'Harmattan Burkina Faso
1200 logements villa 96
12B2260 Ouagadougou 12
BURKINA FASO

www.librairieharmattan.com
diffusion.harmattan@wanadoo.fr
harmattan1@wanadoo.fr

ISBN : 2-296-00127-0
EAN : 9782296001275

TABLE DES MATIERES

REMERCIEMENTS

Ce livre n'aurait jamais existé sans l'accompagnement passionnant et passionné de ma directrice de recherche Jeanne-Marie Rugira, à la maîtrise en études des pratiques psycho-sociales, à Rimouski au Québec, ainsi que sans les discussions stimulantes et les encouragements de Gaston Pineau.

Par leurs réflexions et leurs questionnements, le groupe d'étudiants de cette maîtrise avec qui nous nous réunissions tous les mois et demi, a grandement participé à la clarification de ma pensée. Ce livre est aussi le résultat d'une démarche existentielle de co-développement avec ces étudiants.

Certains amis qui se reconnaîtront, m'ont fait le privilège de me partager des résonances intimes suite à la lecture de mon mémoire de maîtrise. Autant de cadeaux que je conserve précieusement. Vous ne savez à quel point ses perles m'ont stimulé à prolonger mon travail de recherche pour le publier.

J'ai une reconnaissance spéciale pour ma famille qui a accepté la publication de ce livre, malgré l'intimité de son propos. En l'occurrence, je remercie tout particulièrement mon père.

Je voudrais remercier ma femme pour son soutien constant dans le processus d'écriture de ce livre, ainsi que mes deux enfants pour le nouveau monde qu'ils me font découvrir... *lieu de réciprocité transformatrice.*

Je dédie ce livre à la mémoire de Fred, passé trop vite dans ma vie.

Vous pouvez contacter l'auteur à l'adresse suivante : cgaignon@yahoo.fr

PREFACE

par Guy Ausloos,

professeur émérite en psycho-pathologie
à l'Université de Montreal

Écrire une préface est parfois une tâche bien ingrate : il faut tenter d'extraire du livre sa quintessence sans le trahir, de valoriser le travail de l'auteur sans le flatter, d'intéresser le lecteur suffisamment pour qu'il soit tenté de continuer la lecture. Le travail de Christophe Gaignon m'a facilité ma tâche de préfacier. Et puisqu'il y est question de récits de vie, qu'il me permette d'y glisser quelques pans de ma propre histoire.

Je travaille comme pédopsychiatre consultant depuis 1971 dans des Centres qui prennent en charge des jeunes définis par leurs problèmes. J'ai vite réalisé qu'il était bien plus pertinent de les définir par leur richesse et leurs ressources. Je rencontrais des familles réputées familles-problèmes, que l'on taxait de vocable comme non-collaborantes, dysfonctionnelles, désengagées, enchevêtrées, incohérentes, carencées, à transgressions multiples, et je pourrais continuer cette liste relevée dans certains ouvrages récents, postérieurs à l'an 2000 ! Une mauvaise compréhension du concept d'homéostasie amenait à considérer qu'elles refusaient le changement. Il semblait donc illusoire de songer à travailler avec les parents, sauf à remédier à leurs problématiques « par le biais du contrôle social ou de la guidance pour tenter de les amener à accepter ou à demander une prise en charge thérapeutique ou une résolution socio-judiciaire ».

En fait, les parents que je rencontrais étaient surtout désemparés, à bout de souffle, écrasés par des sentiments d'impuissance ou écorchés vifs par les nombreuses dysqualifications dont ils avaient été l'objet depuis plusieurs années. Persuadés d'être « les mauvais parents » dont on leur renvoyait l'image, soit ils acceptaient l'étiquette et s'en repentaient sans toutefois savoir ce qu'il leur fallait changer pour être « corrects », soit ils se rebiffaient, ce qui confortait l'opinion selon laquelle ils étaient oppositionnels ou non-collaborants. J'ai vite réalisé que ces parents étaient plutôt « en légitime défense » et qu'il fallait tenter de travailler avec eux plutôt que de les écarter ou de les discréditer. De là cependant à oser affirmer qu'ils avaient de la compétence, cela m'a pris bien du temps (1995).

Depuis lors, j'ai eu bien sûr bien des réactions négatives par d'honorables pourfendeurs des parents inadéquats qui me faisaient remarquer que beaucoup de parents n'étaient pas compétents. Je n'en ai jamais douté, si l'on entend par là qu'ils devraient avoir toutes les compétences parentales, puisque je suis moi-même un père bien au fait des nombreux domaines où je me sens incompétent. Mais je continue à revendiquer pour moi et pour ces familles que, dans les situations les plus problématiques, on trouvera de la compétence (et non les compétences) à condition de la chercher activement.

C'est ce que Christophe Gaignon a fait avec les jeunes, les adultes et les familles dont il nous conte l'histoire. Mais il a fait plus : il est sorti d'une position de bienveillante neutralité pour accepter le risque de la proximité sans toutefois tomber dans le travers de la familiarité. Dans nombre d'écoles, on continue à insister sur la nécessité de maintenir une « distance relationnelle » dans les contacts que nous pouvons établir avec les jeunes et les familles et peut-être est-ce une mise en garde justifiée pour éviter la familiarité, l'intrusion ou une proximité qui masquerait une envie de se poser en exemple ou d'éviter d'inévitables confrontations.

La proximité que Christophe Gaignon nous propose ne repose pas sur un rapprochement qui nierait la différence de statut, qui excuserait l'inexcusable, qui deviendrait complicité mais bien sûr un partage de vécus communs et des émotions qui en résultent. Watzlawick nous a bien dit qu'« il n'est pas possible de ne pas communiquer ». Il n'est pas non plus possible de ne pas avoir des émotions. Étymologiquement é-motion signifie faire sortir le mouvement, mettre en mouvement. Et c'est bien de cela qu'il s'agit : remettre en mouvement une personne en difficulté, ou une famille immobilisée par la précarité ou la misère, figée par le diagnostic ou la maladie, épuisée par des tentatives vécues comme des échecs, accablée par les crises successives, pointée du doigt par les instances du contrôle social.

L'éducateur n'a pas à se poser comme thérapeute : il n'est pas en position de le faire et les personnes qu'il accompagne ne le lui demandent pas. Par contre, il a beaucoup à partager : un partage de vie avec les jeunes, un partage de position d'adulte avec les parents. Gilles Gendreau, un des plus éminents éducateurs que le Québec ait connu, le résume en ces termes : « nous sommes des éducateurs professionnels, les parents sont des éducateurs naturels : nous avons à travailler ensemble ».

Christophe Gaignon ne nous propose pas un modèle de thérapie, il nous montre comment il est possible de travailler avec des parents quand on accepte d'être vrai, de se dévoiler parfois, de ressentir souvent, de garder toujours à l'esprit que c'est le jeune ou la jeune qui est la raison de la rencontre, que ce sont les parents qui le ou la connaissent le mieux et qu'à ce titre ils sont les partenaires incontournables de l'action éducative : « en tant qu'éducateur, j'ai besoin de vous pour faire mon travail avec votre enfant ».

Le récit de vie qu'il nous offre est sans doute un passage obligé pour soutenir valablement cette position : relire son histoire pour être capable de relire celle du jeune et celle des membres de la famille avec un grand respect, sans jugement et en s'attardant sur ce qui souligne les compétences au lieu de mettre l'accent sur ce qui ne va pas. Apprivoisement me semble le mot qui résume le mieux cette démarche, une danse ou l'on se rapproche ou s'éloigne en fonction des possibilités de chacun et dans laquelle le respect de l'autre est la règle fondamentale. C'est aussi la condition d'activation des possibilités de résilience. C'est ce que Christophe Gaignon nous montre bien dans ses récits de pratiques et dans la dimension éthique qu'il tient à souligner.

Je me garderai de conclure puisque pour le lecteur tout commence. Je me contenterai d'espérer que ce livre incitera d'autres éducateurs à écrire, à travailler leur propre récit de vie et à approcher les jeunes et les familles avec ce respect qui n'exclut pas la proximité et le partage des émotions, avec cette préoccupation centrale de tout mettre en œuvre pour que le jeune retrouve une qualité de vie et une vie de qualité et avec la recherche de la compétence comme exigence éthique fondamentale.

Guy Ausloos

INTRODUCTION

Le commun des mortels reconnaît aisément que, totalement isolé du monde, l'être humain deviendrait fou. La relation est son oxygène, la Mère de ses renaissances, de sa croissance personnelle.

La vie de l'intervenant, tant dans sa sphère personnelle que professionnelle, est peuplée de relations. Par ailleurs, la culture éducative ambiante de nos sociétés tend à faire de la vie personnelle une entité séparée et bien distincte de la vie professionnelle. Ce paradigme séparateur nous fait oublier que la richesse de la relation d'aide, émane notamment d'un regard qui porte sur la globalité de la vie de l'intervenant.

Je tente dans ce livre d'explorer le processus et la pertinence d'une visée holistique : celle qui prétend dépasser le clivage entre la vie personnelle et la vie professionnelle de l'accompagnateur en relation d'aide, pour faire de cette relation un lieu de création qui favorise la transformation réciproque de ses acteurs et ouvre une voie de passage vers la relation d'être.

J'ai constaté que ce paradigme inhérent au concept de réciprocité transformatrice était presque ignoré dans le champ des pratiques psychosociales. Je trouvais bien ici et là chez certains auteurs, comme par exemple

Labelle (1996), Malherbe (1997), Buber (1969), Éneau (2005), l'importance de la réciprocité. Parfois, je pouvais entrevoir des signes montrant qu'ils étaient transformés et enrichis par les personnes rencontrées, mais aucun ne faisait état du chemin, du processus qu'il traversait pour en arriver à cette constatation.

J'ai eu la chance de commencer cette recherche à un moment de ma vie où je vivais l'exil depuis cinq mois. Fût-il choisi, ce temps de l'exil me transportait dans des lieux de déséquilibre, « d'inconnaissance », où résonnait en moi *l'étrangeté.* C'était « un appel à être plus soi » propice à la découverte. Cette perception, qui alors était floue, a été une véritable inspiration et m'a amené à me plonger dans l'écriture de mon récit de vie. J'étais dans l'urgence d'une quête de sens et d'identité. Dans le contexte de la maîtrise en études des pratiques psychosociales, cette quête qui englobait la totalité de ma vie ouvrait progressivement sur une question suscitée par les pratiques d'accompagnement : Comment passer de la relation d'aide à la relation d'êtres – où tout le monde est plus soi-même et pas seulement un aidant et un aidé – afin de favoriser la transformation réciproque de tous ses acteurs ?

La démarche de la maîtrise en études des pratiques psychosociales de l'Université du Québec à Rimouski propose et encadre des cheminements à la fois individuel et collectif qui s'interfécondent. En effet, le processus de recherche est accompagné principalement par un groupe de coformation. Il est évident que l'engagement individuel de chaque étudiant dans son projet, ainsi que l'accompagnement des directeurs de recherche, restent indispensables. Cependant, la présence des étudiants de ma cohorte fut, dans mon cas, d'une richesse incomparable. Nous étions un groupe de vingt praticiens –chercheurs, accompagnés régulièrement par deux ou trois professeurs, au cours des différents séminaires de scolarité de la maîtrise. À l'occasion de ces rencontres, en plus des apports parfois essentiels des professeurs, chaque étudiant présentait aux autres là où il en était dans sa démarche. Nous vivions des moments intenses, passant de l'enthousiasme au découragement inhérents à toute recherche. L'écoute, les réflexions et les résonances partagées dans le groupe furent pour moi un appui précieux. Elles me permettaient d'infirmer ou de confirmer certaines de mes intuitions. Ce contexte m'offrait alors l'opportunité de varier les points de vue sur mon expérience et m'apportait ainsi la distanciation nécessaire à un travail de recherche, qui plus est lorsque celui-ci est ancré dans la richesse de la subjectivité.

Avant même de commencer mon travail de terrain, le processus de problématisation amorcé en groupe m'a mis sans tarder sur la piste de la réciprocité transformatrice. Au tout début de la maîtrise, nous avons fait l'exercice du « je me souviens ». Je l'avais trouvé particulièrement pertinent et évocateur pour favoriser l'émergence de nos sujets de recherche. Cet exercice d'écriture spontané accompagné et partagé en groupe permet l'exploration de l'expérience. Il s'agit d'écrire un ou deux souvenirs significatifs de notre vie personnelle ou professionnelle, en lien avec nos préoccupations de recherche. Pascal Galvani (2004) explique ainsi l'exercice : « Je m'étais en effet aperçu, avec l'expérience, que les prises de conscience les plus fécondes intervenaient *après coup* et *à propos* des récits qui permettaient vraiment de *revivre ou de re-visualiser l'expérience vécue* (p. 9). »

Touché par la force évocatrice et la richesse de cette expérience, j'ai abordé l'écriture de mon histoire de vie, incluant des moments de vie professionnelle, en commençant chacun de mes souvenirs par ce début de phrase : « Je me souviens... » Ce récit fut la base de ma recherche. Dans un second temps, quelque peu « décollé » de mon écriture, j'avais le sentiment que les rencontres et les événements remontant à ma mémoire sensorielle sculptaient progressivement la statue de la réciprocité transformatrice. Plus que jamais, je prenais la mesure de l'importance et de l'apport des personnes que j'avais accompagnées dans ma courte vie d'éducateur.

Personnellement, la démarche existentielle et intellectuelle de cette recherche est une façon de leur rendre hommage. Collectivement, c'est une élaboration qui tente de mettre en relief la contribution trop souvent oubliée des personnes aidées de la relation psychoéducative, pour faire de la relation d'accompagnement, fut-elle parfois déstabilisante, une richesse pour tous.

Ce livre est composé de trois parties. La première explore les sources existentielles et épistémologiques du concept de réciprocité transformatrice. Tout en « problématisant » l'objet de cette recherche, elle fait une large place à l'approche heuristique comme moyen de se mettre au monde. Cette partie permet de poser le problème de ma recherche, sa question et ses objectifs, en même temps qu'elle énonce ses choix méthodologiques.

La seconde partie, divisée en quatre chapitres, navigue d'extraits de récits de vie à des passages de récits tirés de la pratique.

Enfin, la troisième partie, par le biais d'une exploration théorique et d'un tissage de liens allant de ma vie personnelle à ma vie professionnelle, nous amène à explorer les dimensions qui favorisent le passage de la relation d'aide à la relation d'être.

I

SOURCES EXISTENTIELLES ET EPISTEMOLOGIQUES DE CE PROJET

Chapitre 1

L'APPROCHE HEURISTIQUE, UN MOYEN DE SE METTRE AU MONDE.

La foi est une ressource essentielle pour la personne engagée dans une recherche heuristique. Cette foi attend patiemment l'unité alors que nos sens ne perçoivent que le chaos. Elle tire de l'obscurité un sens et une clarté.

CRAIG

Automne 2003, je commence la maîtrise en études des pratiques psychosociales à l'Université du Québec à Rimouski. Le projet était de me donner une opportunité de réfléchir sur ma pratique professionnelle et d'en dégager un savoir partageable. Ce livre propose une recherche de type heuristique, dans la lignée de Moustakas (1968) et de Craig (1978), pour ne citer que deux des pionniers de cette approche.

Il est fondamental de prendre le temps de m'arrêter à l'importance de l'approche heuristique, car elle a été au cœur de mon cheminement. Elle éclairera le lecteur dans le sens de mieux saisir comment est apparu le thème central de ma recherche, en l'occurrence la réciprocité transformatrice. C'est en quelque sorte une métacommunication sur « le processus (la méthode heuristique) du processus (la réciprocité transformatrice) », qui peut-être donnera à d'autres praticiens-chercheurs le goût de se lancer dans la richesse d'investigation puisant à la source de leur expérience personnelle et professionnelle.

Rappelons tout d'abord que l'étymologie du mot heuristique nous vient du nom grec *heuristikê*, qui signifie « art de trouver », et du verbe *heuriskein*, « trouver ». Il est associé au « Eurêka ! » d'Archimède, celui-ci découvrant dans son bain la loi de la pesanteur, pour *heurêka*, forme du même verbe « j'ai trouvé ». Notons par ailleurs, que les mots « heuristique » et « eurêka » viennent de l'adjectif grec *heuretikos*, qui signifie inventif.

Le premier outil de la recherche heuristique est le chercheur lui-même lorsqu'il utilise son écoute, qu'il observe, sent, rêve, conscientise, dialogue. Nous nous appuyons sur la richesse de la subjectivité. Cette considération nous informe sur la nature de l'implication émanant de la recherche heuristique.

Peter Erik Craig (1978), auteur d'une thèse doctorale sur la méthode heuristique, nous invite à explorer la dimension passionnée de l'heuristique, en expliquant que nous pouvons vivre pleinement le moment présent tout en étant investi dans notre recherche. Il précise d'ailleurs que mettre l'accent sur la personne ainsi que sur le processus interne de la recherche est spécifique à la recherche heuristique. Un positionnement épistémologique qu'autorisent également les approches phénoménologique, herméneutique, interactionnelle et biographique.

En ce qui me concerne, le contexte dans lequel je commençais ma recherche correspondait à un temps où je venais de changer de pays. Après six mois de travail en Haïti, je passais un mois dans mon pays, la France, puis je venais m'installer définitivement au Québec : trois continents en huit mois.

1. Le temps de l'exil

> *L'exil sort l'homme de l'anonymat (...) c'est comme si le déracinement faisait entendre à son oreille une interpellation, un appel : « Va vers toi-même ! »*
>
> *TRIGANO*

Une particularité soulignée par Craig (1978), nous explique que la motivation première de la recherche correspond généralement à un profond besoin d'être et de grandir. Pour ma part, j'ai commencé ma recherche six mois après ma venue au Québec, en septembre 2002. Une des étapes les plus intenses de ma recherche fut sans nul doute l'écriture de mon récit de vie, dans lequel je plongeai avec passion pendant plusieurs mois. Il est évident que ce temps de changement majeur me mettait en déséquilibre. Il appelait à une introspection, me permettant de vivre au mieux l'intégration d'un nouveau contexte de vie. D'autant plus que je revenais de six mois passés en Haïti. Le temps de l'exil, même choisi, est un temps de séparation. J'ai pris conscience, après les premiers mois, qu'il m'invitait à explorer la présence intérieure, sur les lieux de ma nouvelle vie. Trigano (2001) abonde dans ce sens lorsqu'il écrit : « Le choix de l'exil, comme interprétation de la séparation propre à l'existence, aidera à une maturation de cette conscience d'être chez soi (p. 31). » Cela n'est donc pas un hasard que la question de la séparation et de la mort ait été majeure dans mon récit de vie.

Mon départ au Québec fut donc un passage extrêmement favorable à ce travail sur mon histoire. Des pans d'ombres en sommeil accueillaient une lumière ; recueil donnant naissance à de nouvelles saveurs. Surgissaient alors de multiples révélations accouchées de cette réciprocité : de l'ombre à la lumière, de la vie à la mort et inversement. Je prenais de plus en plus conscience des racines de la nature de ma pratique professionnelle, de son mouvement, et je l'appelais alors à grandir avec moi. J'avais fait le choix de vivre à l'étranger. Les cultures françaises et québécoises, même si elles sont toutes deux francophones, sont très différentes. Ainsi, *l'étrange* – dans le sens de repères culturels, professionnels et sociaux différents – prenait une place majeure dans ma vie et *faisait résonner l'étranger en moi.* Pour que la chaloupe continue de voguer sans sombrer sur les vagues de l'étrangeté, il me fallait aller plus loin que je n'étais jamais allé dans les racines de mon identité, et répondre à cette question de Trigano (2001) : « Une question se presse dans la conscience : quelle est la nature et le statut de l'étranger en moi, et en quoi consiste l'essence de mon être ? Qui dit "je" ou, plus exactement, d'où se dit le "je" (p. 43) ? » J'étais pleinement dans le besoin d'être et de grandir évoqué par Craig (1978). Je me souviens de moments d'inquiétude aiguë où, pour des considérations administratives organisationnelles, j'allais parfois jusqu'à remettre en cause la possibilité de pratiquer mon métier d'intervenant. Le temps était venu de dépasser ces inquiétudes et de rejoindre le centre de mon être, le temps était venu de puiser à la source de mon « je ».

Craig (1978) propose quatre phases distinctes dans le processus de recherche heuristique.

2. Se laisser travailler par une question.

Pour un bon nombre de chercheurs, dont Lévesque 2000, Rugira 1999, Pineau 1993 et bien d'autres encore, la question de recherche émane souvent d'un contexte de crise existentielle ou de rupture épistémologique. Je considère *la crise* comme un moment propice au changement, comme *une opportunité* réelle de déployer notre potentiel de croissance.

Le début de ma recherche coïncidait avec mon arrivée au Québec. Ce temps de crise et de remise en question profonde amplifiait un changement de paradigme que je portais et qui s'installait en moi depuis plusieurs années, incarné par le concept de réciprocité transformatrice. Mon intériorité était habitée par le mouvement d'une rupture épistémologique certaine. En effet, dans la culture générale des pratiques professionnelles en relation d'aide, certains intervenants sont confinés dans leur rôle d'aidant, sans s'interroger aucunement sur les intérêts autres que salariaux de leur profession. En ce sens qu'il y a pour eux des aidants et des aidés et ça semble clair. Il n'est donc pas étonnant que cette rupture épistémologique ait surgi au cœur même du travail en profondeur effectué sur mon récit de vie au début de mon processus de recherche. Pauzé (1996) se référant à Bateson nous explique : « (...) Bateson affirme qu'un changement d'attitude en profondeur chez un individu (niveau inférieur) passe inévitablement par un changement de ses prémisses épistémologiques (niveau supérieur) (p. 138). »

Dans l'approche heuristique, la question de recherche émerge si et uniquement si l'intérêt de la personne pour celle-là prend suffisamment de place pour devenir une crise, un défi, pour devenir significative personnellement au point de l'investiguer selon une méthode de pensée.

Ainsi donc, par le truchement d'un travail d'écriture intense sur ma vie englobant les sphères personnelles et professionnelles, ma question évoluait. Et ce processus d'intériorité exigeant m'entraînait à confronter au dehors, dans le lieu de ma pratique professionnelle, ce que je portais dans mon cœur et qui devenait de plus en plus clair. Je ne pouvais plus faire demi-tour. Incarner ce mouvement, ces changements, devenait une nécessité pour accompagner un mouvement de croissance et être fidèle à mon équation personnelle. C'est selon Craig (1978) le début de toute recherche scientifique. Polanyi (1964) confirme cette vision en insistant sur l'importance de l'obsession de la personne pour « sa » question. Selon lui, cela constitue le ressort moteur de tout pouvoir créateur.

Plongé dans ses travaux et voulant démontrer le bien-fondé de la recherche selon l'approche heuristique, Craig (1978) a cherché principalement chez deux autres auteurs les traces de cette même volonté : Abraham Maslow (1971), qui se posait le problème de la nature de la réalisation de soi, et Jourard (1971), celui de la révélation de soi. Nous noterons le caractère très personnel et existentiel de ces thèmes de recherche.

Au-delà du temps du changement de pays et des multiples deuils et rêves qu'il comportait, ma recherche fut donc marquée par le fait d'être plusieurs mois immergé dans la construction de mon récit de vie ; ce qui me mettait en rapport intime avec mon intériorité. Une autre interaction provoquait et enrichissait l'expression de cette intimité : la démarche de coformation avec le groupe d'étudiants praticiens-chercheurs qui participaient à la maîtrise. Nous vivions des temps de communication, voire de communion uniques, que nous pourrions définir par « l'expérience du "nous" comme un frisson », comme le suggère Santiago Lopez Petit (2003). Nous étions des témoins réciproques de la richesse de notre « inter-subjectivité » et de notre volonté d'en faire le lieu de notre croissance. Confronter ma question de recherche au regard des autres me propulsait au cœur de ma subjectivité. Nous en convenions, nous vivions une aventure de « reliance » – dans le sens étymologique de religiosité, qui vient du latin *religare* et signifie lier – réfléchissant à la question du sens de nos vies. Une expérience que Buber (1969) évoque de la façon suivante :

La vraie subjectivité ne peut être comprise que de façon dynamique, comme la vibration d'un Je *à l'intérieur de la vérité solitaire qui est la sienne. C'est aussi le lieu où naît et grandit le désir d'une relation de plus en plus haute, le désir de participation totale à l'Être. Dans la subjectivité mûrit la substance spirituelle de la personne (p. 98).*

3. L'exploration de cette question par l'expérience.

Craig (1978) insiste sur l'importance de l'immersion dans l'expérience en vivant pleinement les interactions de quelque nature qu'elles soient. Ainsi, le chercheur devient plus conscient de sa démarche. Il doit rester ouvert à l'évolution de la question de recherche grâce à l'expérience, et retourner fréquemment à la question de départ pour mieux orienter les nouvelles avenues de sa recherche. Le bon déroulement de ce processus nécessite, selon Craig (1978), une capacité certaine d'introspection, de connaissance de soi afin de se connecter le plus justement avec ses valeurs et attitudes humaines fondamentales, son authenticité. Avançant en partie en territoire inconnu, cela requiert assurément une confiance en soi qui favorisera l'engagement, l'intuition et la prise de risques. Polanyi (1964) précise que c'est l'engagement personnel qui unifie la recherche, au-delà des tâtonnements vécus dans toute recherche.

L'écriture de mon récit de vie, incluant des rencontres émanant de ma pratique professionnelle, m'a amené à une première étape dans l'élaboration de ma question de recherche. Je pensais au départ témoigner essentiellement du lieu de mes souffrances dépassées et de la façon dont ce dépassement me sert de point d'appui dans ma pratique professionnelle. Il me semblait que les jeunes et parfois leurs familles, me sollicitaient plus que d'autres sur cette même question. Ce qui en partie était vrai. Cependant, mon intuition me disait que là ne devait pas être le cœur de ma recherche. Je pressentais la présence d'une autre dimension encore plus fidèle à ma nature profonde. Par ailleurs, il me fallait transcender cette première étape, qui ne pouvait prendre le risque de se cristalliser à la question de la souffrance. C'est toujours du processus d'écriture de mon récit de vie que naissait cette intuition. Inconsciemment, je voulais avant tout accéder à ce qui trop longtemps résonnait dans le creux de mon existence : l'amplification de la ressource, de la compétence comme moyen de dépassement des souffrances vécues, comme garantie de minimum de sécurité pour risquer un regard sur le traumatisme, si cela s'avère nécessaire. Et lui donner ainsi la chance de se délier pour qu'il meure et s'engage dans une mutation, nouvelle naissance devenue ressource. Éclosion d'une considération fondamentale de la réciprocité transformatrice, car il me semble que les personnes que nous accompagnons – jeunes, adultes, familles – ont avant tout besoin de se connecter à leurs ressources. Oser le risque et le pari du bonheur, quand tout ou presque leur indique une destination inverse, quand tout ou presque les aspire vers une obscurité opaque. Avant tout, il fallait chercher avec eux la braise de résilience sur laquelle on soufflerait. Accéder à cette idée que « nos souffrances ne sont pas vaines, une victoire est toujours possible (Cyrulnik, 1999, p. 9). »

Retourner sur les traces de mon passé me transportait dans ces lieux de résonance entre souffrance et compétence. Plus que jamais, je prenais pleinement conscience de l'importance de l'existence des personnes que j'accompagnais quand je m'étais débattu avec ma vie, dans une période chaotique. Bien au-delà de nos entendements respectifs, ils avaient été en certains temps mon oxygène. À partir de là, je ne pouvais faire autrement que de les mettre au cœur de ma recherche en des termes d'accompagnement mutuel, de réciprocité transformatrice. Je trouvais une articulation satisfaisante entre souffrance et compétence, tant il me semblait important de considérer l'une et l'autre. De fait, elles jalonnent toutes deux nos vies. La nuance proposée par Jean Bédard (1999) sur l'ombre et la lumière, prêtant ses mots au fidèle accompagnateur de Maître Eckhart en dialogue avec Léonard de Vinci, est une métaphore qui nous éclaire sur la réciprocité et l'interdépendance que nous pouvons envisager entre compétence et souffrance : « Et pourtant, l'ombre, selon mon ami Léonard de Vinci, est le recueillement de la lumière. La lumière ombreuse, m'a-t-il dit un jour, livre la forme avec bien plus de détails que la lumière éclatante, parce que c'est une lumière recueillie dans son lieu propre (p. 263). »

Enfin, l'écriture de ce récit m'offrait le plus beau des cadeaux : au-delà de lourdeurs existentielles émanant de la relation à mon père et à ma mère et « étouffées » par elles, émergeaient en héritage des ressources familiales trop longtemps cachées dans l'obscurité de ma mémoire. Je savais pourquoi j'avais fait du livre de Guy Ausloos (1995), « La compétence des familles », mon livre de référence professionnelle et pourquoi il me rejoignait tant : parce que j'aurais aimé, tel que proposé dans son livre, qu'une personne se fasse le miroir des compétences que mes parents avaient, mais qu'ils ignoraient posséder. Derrière les dépressions de ma mère, la « présence absente » de mon père, criait sourdement et inconsciemment en moi la loyauté qu'ils soient reconnus et que nous puissions nous rejoindre très loin de cette pesanteur. *Signature d'amour d'un fils pour ses parents, avant tout.*

J'incarnais mon processus de recherche, en répondant sans le savoir à l'encouragement de Rogers (1970), qui nous explique combien il est important pour les chercheurs de « s'impliquer dans le travail clinique » et de « vivre intensément, pleinement et ouvertement les relations interpersonnelles, en contact profond avec les individus et les cultures qui les ont marqués (p. 21). »

La réciprocité transformatrice devenait une préoccupation grandissante et pleinement consciente dans le quotidien de mes relations, en particulier avec les jeunes du centre de réadaptation en santé mentale où je travaille depuis juin 2002 et avec leurs familles.

4. La compréhension : clarifier, intégrer et conceptualiser les découvertes

Évoquant la compréhension, Craig (1978) nous explique qu'elle exige une réelle capacité à vivre la solitude, ce qui éprouve la capacité de réflexion. Effectivement, durant le processus de ma recherche, j'ai acquis une plus grande conscience de la nature de ma pratique professionnelle, ce qui par ricochet a provoqué une grande solitude. Je comprenais pourquoi je ne partageais pas le paradigme, tacitement reconnu dans la relation d'aide, où « l'aidant porte l'aidé » et où l'aidé est donc privé de tout apport à l'autre. Il est certain que d'être confronté aux résistances rencontrées sur le lieu de ma pratique professionnelle a augmenté ma volonté et mon désir de rendre lisible la posture professionnelle que j'incarne. Je savais que cela devait passer par une façon de faire, plutôt que de revendiquer ma couleur à « coup de mots ». J'ai connu, et je connais encore des moments de solitude, car le postulat de la réciprocité transformatrice, me semble-t-il, bouleverse ce que l'on nous a enseigné. Par nature, celui-ci est impliquant et ne peut faire l'économie d'un regard sur soi et d'une remise en question, parfois même profonde. Ainsi, certains offrent des résistances importantes à cette façon d'envisager la relation d'aide. La compréhension est cette phase où, selon

Craig (1978), nous devons rechercher le plus possible la solitude et le dialogue avec soi.

Une attitude fondamentale de ce temps de la compréhension est d'être connecté avec son intériorité, avec la richesse des autres, et d'être fidèle à l'expérience telle qu'elle se donne à vivre. La triple interaction entre le chercheur, l'autre et l'expérience renferme, toujours selon Craig (1978), une réalité sacrée, singulière. C'est un devoir de préserver l'essence et la nature de cette réalité sacrée. Lorsque je partageais l'état de mes investigations dans le cadre du groupe de recherche à l'université ou avec des personnes de mon entourage, je prenais certes le risque de la remise en question, mais surtout la chance de préciser ma pensée, de l'enrichir. Je progressais dans l'intégration, la clarification et l'articulation de mon exploration.

Embrassant la proposition selon laquelle la question de recherche surgit d'une situation de crise existentielle ou de rupture épistémologique, la compréhension constitue, selon Rugira (1999), l'étape qui caractérise l'interprétation et l'assimilation du phénomène qui crée crise.

Selon moi, cette étape représente, à sa toute fin, le plaisir de prendre pleinement conscience de la « poussée » de croissance personnelle issue de la recherche. Ce mouvement de verticalité éclaircit l'horizon qui s'élargit. Effectivement, la nouvelle compréhension émanant d'un malaise diffus ou clairement identifié, ayant lui-même déclenché le processus de recherche, trouve non seulement un apaisement, mais confirme en plus que la crise est bien une formidable opportunité de changement. Cette constatation invite à habiter pleinement les moments intenses, quelle que soit leur nature.

5. Communiquer ses découvertes.

C'est à la quatrième étape de la communication des découvertes qu'intervient la dimension collective, en termes de transmission des connaissances, de l'expérience, des questions ouvertes, etc. De là l'exercice difficile de la clarté de l'écriture, des mots, des phrases que le chercheur offre au public, au lecteur... Il semblerait que le deuil d'être absolument compris favorise l'émergence de l'essentiel : partager ce que je ressens au fond de mon être. Le chercheur a ainsi une double responsabilité : pour une question d'authenticité, voire d'honnêteté, il doit être en quête de la vérité qu'il porte, aussi subjective soit-elle et il doit partager ses découvertes.

Nous prenons alors le risque d'être incompris, contesté. Il est fondamental, selon Craig (1978), de rester fidèle à soi-même et, quelles que soient les réactions des autres, de dire ce que nous voulons dire et ce que nous ressentons le plus profondément, et ce, par la plume ou le verbe. Pour Rugira (1999), cette dernière phase constitue pour le sujet une partie essentielle du cheminement et de l'expérience de formation.

Chapitre 2

DE MA VIE PERSONNELLE A MA VIE PROFESSIONNELLE

Depuis juin 2002, je travaille aux Quatre Vents, un centre de réadaptation en santé mentale. J'ai d'abord été intervenant auprès d'adolescentes de 12 à 18 ans présentant une problématique associée de santé mentale et de trouble grave du comportement, puis auprès d'enfants de 6 à 12 ans ayant le même diagnostic. J'occupe depuis avril 2005 le poste de conseiller clinique dans cet établissement. C'est un centre alternatif qui a comme mandat d'offrir un service innovateur et d'accueillir des jeunes donnant généralement « du fil à retordre » à d'autres structures. Nous sommes ce que nous appelons « une ressource de bout de ligne ».

1. Historique du Centre des « Quatre Vents ».

En janvier 1998, la régie régionale de la santé et des services sociaux et les centres jeunesse de Lanaudière ont mandaté le docteur Guy Ausloos, psychiatre et professeur agrégé à l'Université de Montréal, afin qu'il énonce son « Avis sur l'organisation des services de réadaptation pour les jeunes qui présentent une double problématique de troubles du comportement et de problèmes de santé mentale ». Son rapport mentionne le fait que, pour certains jeunes présentant des pathologies lourdes, il n'existait pas, dans le circuit traditionnel des services sociaux, de formes de prise en charge pouvant répondre de manière satisfaisante à leurs besoins et à ceux de leurs familles. Effectivement, pour ces enfants et adolescents, « la vie de groupe est extrêmement difficile, augmente souvent la désorganisation et les symptômes psychiatriques, perturbe le groupe et provoque facilement le rejet de la part des autres jeunes ne présentant que des troubles du comportement (Ausloos, 1998). »

Le docteur Ausloos a suggéré la création d'une unité spécialisée accueillant six jeunes au lieu de douze habituellement. Il a fait plusieurs recommandations traçant les contours de nouvelles formes de travail avec les jeunes et les familles. En voici quelques-unes, qui me semblent fondamentales :

- -favoriser une approche individualisée et différenciée auprès des jeunes. « Ils ont besoin de relations privilégiées avec l'adulte, soit parce que leur handicap ne leur a pas permis d'établir des relations valables avec les autres enfants, soit parce qu'ils ont vécu des expériences traumatisantes d'abandon et de rejet » (Ausloos, 1998) ; cette proposition sera optimisée par une intervention normalisante qui ne nie cependant pas le problème de santé mentale. Guy Ausloos motivait ainsi cette orientation : « le diagnostic est une hypothèse et le jeune est une vérité » ;

- scolariser les jeunes dans la commission scolaire de Saint-Donat et de la sorte travailler l'aspect de socialisation, qui sera renforcé par des activités communes ;
- offrir la possibilité d'accueillir les familles pour les fins de semaine ou pendant la semaine, pendant lesquelles le vécu partagé entre les parents, les intervenants et les jeunes aide à aborder certaines réalités. Dans cet esprit, il existe dans chaque unité une chambre mise à la disposition des parents.

A ce sujet, une mère me témoignait combien elle apprenait en observant nos interventions auprès de sa fille, sans qu'elle se sente pour autant dévalorisée. En plus d'entrevoir de nouvelles formes possibles d'intervention, elle constatait par ailleurs que parfois nous étions tout aussi impuissants face à certaines situations. C'est en fait dans ces moments qu'elle nous aidait le plus à aider sa fille.

Le docteur Ausloos résumait en ces mots la mission de cette unité spécialisée : vécu partagé, souplesse et individualisation de la prise en charge, transition progressive vers un foyer de groupe, voire retour en famille.

Dans son livre dont le titre, *La compétence des familles*, est très évocateur, Ausloos (1995) faisait déjà référence à l'expérience des Quatre Vents, qui, avant le rapport que je mentionne, était une institution qui avait une culture professionnelle de partenariat avec les familles. Il écrivait en conclusion d'un chapitre sur le thème des parents-clients aux parents-collaborateurs :

[...] créer une occasion de rencontre où c'est le vécu partagé qui prime et où les parents et le jeune

deviennent réellement les partenaires de l'institution. [...] création mutuelle, dans laquelle les parents ont appris à l'institution, et dans laquelle l'institution s'enrichit de ce vécu partagé (p. 165).

Ce paradigme proposé par Ausloos contient à mon sens la notion de réciprocité transformatrice.

Je dois préciser également qu'une dimension de notre travail consiste à nous appuyer sur les talents des jeunes que nous accompagnons. Au même titre que la compétence des familles, cela se cherche et ne s'impose pas d'emblée pour qui a vécu beaucoup d'échecs et de dévalorisation ; j'entends par là les jeunes et leurs familles, mais possiblement les intervenants. Lorsque nous y arrivons, nous avons une entrée privilégiée pour faire émerger la réciprocité transformatrice. Par exemple, une jeune dans notre unité est particulièrement douée pour le dessin. Pour ma part, je pensais être un cas irrécupérable qui ne saurait jamais produire un dessin ! Je lui ai demandé si elle était d'accord pour me donner ici et là, quand le contexte le permettrait, un cours de dessin. Elle a accepté et, oh miracle !, je me surprends à être moins nul que je ne le pensais ! C'est un exemple extrêmement simple et a priori anodin. Mais je considère que cette démarche modifie et enrichit la définition de la relation entre la jeune et moi. Elle me fait progresser et déploie en même temps sa potentialité. Par ailleurs, elle « donne » et n'est pas seulement en position de recevoir. Ce qui m'a beaucoup étonné chez cette jeune fille, c'est son sens de la pédagogie. Elle m'encourageait et me félicitait alors qu'elle-même se montre plutôt résistante face aux compliments. Éprouver l'efficacité de son intervention dans ce contexte enrichit par effet miroir ma réflexion sur la nature de ma pratique. Ces expériences, selon moi, sont des perles dans notre travail, et la réciprocité transformatrice y est très vivante. Bien au-delà du fait que j'apprends à mieux dessiner...

2. Au-delà de la volonté politique et des limites organisationnelles.

Je suis conscient de la chance qui est mienne de pouvoir travailler dans le milieu des Quatre Vents. C'est un lieu qui me permet le plus souvent d'être fidèle à mes valeurs personnelles, intimement liées à l'idée de la réciprocité transformatrice. En ce sens, c'est un terreau favorable à l'expérimentation de celle-ci. Par ailleurs, nous constatons dans un rapport présenté en 2002 par le Centre, en vue de concourir au Prix d'Excellence du réseau de la santé et des service sociaux, l'efficacité de ce projet pilote. En effet, les statistiques sont éloquentes concernant entre autre le programme de réadaptation en unité de vie, puisque 74 % des jeunes concernés sont réintégrés dans leur milieu familial après le placement, dont 36 % ont profité d'une transition par le biais du programme de répit familial (2003, p. 10).

Pourtant, depuis un peu plus d'un an, le centre est confronté à certaines limites. Pour des questions organisationnelles, les unités ont connu beaucoup d'instabilité en termes de mouvement d'intervenant. Cela affecte bien entendu la qualité du travail, qui s'appuie avant tout sur la relation, la rencontre. Comme l'affirme Boris Cyrulnik (2001), « [...] tous ceux qui ont eu à surmonter une grande épreuve décrivent les mêmes facteurs de résilience. En tête, vient la rencontre avec une personne signifiante (p. 261). » Nous n'imaginons pas les blessures que peuvent réveiller des séparations prématurées chez des jeunes et des familles dont l'histoire est souvent colorée de sentiments d'abandon et de rejet. Pour qu'une personne devienne significative, il faut laisser « le temps au temps » de s'installer pour que puisse émerger la confiance en l'autre, levier indispensable de la confiance en soi.

S'il va de soi que la confiance a besoin de la durée, c'est particulièrement vrai pour des êtres humains qui, pour diverses raisons, ont souffert de la nature de leurs relations. La stabilité relationnelle est fondamentale pour que le processus de réciprocité transformatrice puisse s'installer et favoriser la résilience. Je peux m'enrichir de la rencontre ponctuelle d'un jeune ou d'une famille, car, fort d'une certaine sécurité de base, je pourrais être dans un esprit d'ouverture me permettant de cueillir au vol tel ou tel joyau qui m'enrichira. Mais qu'en est-il du jeune et de sa famille, qui ont perdu en partie cette confiance en eux, pour oser prendre d'emblée les risques relationnels qu'implique l'ouverture minimale au sentiment d'être « suffisamment bon », pour se sentir digne de recevoir et plus encore de donner ? Généralement, il leur faudra du temps, d'autant plus qu'ils ont très souvent eu une expérience négative avec les services sociaux : avant tout ceux-ci leur expliquaient le plus souvent ce qu'ils ne savaient pas faire, pourquoi ils ne savaient pas le faire... et leur montraient ce qu'il fallait faire.

La question de l'instabilité me semble malheureusement récurrente dans les services de santé au Québec. J'ai appris dernièrement qu'un jeune avait en moyenne 2,5 accompagnateurs par an. De plus, l'épuisement professionnel est une réalité prégnante, et il y a beaucoup de changement dans les équipes d'intervenants. Considérant la réciprocité transformatrice comme une caractéristique importante pour favoriser la résilience chez un être humain ayant connu un grave traumatisme, il serait socialement pertinent que les organisations et les personnes qui ont un impact sur la stabilité des institutions étudient sérieusement ces questions. Elles sont à mon avis au cœur du dysfonctionnement des institutions de santé et de services sociaux.

Je pense que nous ne prenons pas assez soin des intervenants dans le travail social en général. Il n'y a que trop peu de lieux où ils peuvent faire des liens entre leur pratique et leur vie. Quand nous considérons que la personnalité d'un intervenant est son premier « outil » d'intervention et que celle-ci est le résultat de son histoire toujours en mouvement, nous pourrions presque considérer comme une négligence le fait qu'il n'existe pas ou peu de lieux qui favorisent une réflexion entre histoire de vie et pratique. Pourtant, nous aurions tout à y gagner, personnes et société. C'est cette forme d'expérience que prône Jeanne-Marie Rugira (1999), lorsqu'elle suggère :

La voie de la formation par les expériences vécues constituerait, à mon sens, une alternative éducative intéressante de par ses caractéristiques humaniste, holistique, émancipatrice et critique. Cette voie pourrait libérer nos voix et nous permettre ainsi de faire face non seulement à la crise de l'éducation et du savoir, mais aussi à une crise de sens et d'identité qui secoue les individus et les sociétés modernes en quête de reconnaissance réciproque et de compréhension interculturelle (p. lx de la première partie de la thèse).

Si nous considérons, comme plusieurs le font, une relation aidant-aidé à sens unique, il me semble qu'il va de soi que tôt ou tard on épuise la source de l'aidant. La réciprocité transformatrice, c'est aussi la possibilité de « recharger ses batteries ». Cela implique de prendre le temps de s'arrêter et de regarder qui l'on est et le rapport qu'on entretient avec ce que l'on fait. En ce sens, la démarche de la pratique « Histoire de Vie » fut pour moi pertinente. Me rapprocher de ce que je porte sera bénéfique pour me rapprocher de l'autre, et ainsi m'ouvrir encore plus à ce qu'il peut m'apporter. En d'autres termes, c'est s'occuper du « Je » pour qu'il puisse oser accueillir le « Tu » avec sa différence parfois déstabilisante. Ensuite, il faudra donner la chance aux différences de s'enrichir mutuellement. Cette démarche permet d'être plus honnête face à soi-même et, par ricochet, face aux autres. C'est une offre d'aide qui par nature inclut la réciprocité, la circularité. Elle est plus authentique et sera mieux accueillie. Cela donne un souffle nouveau à la relation d'accompagnement, notamment lorsque nous sommes confrontés, comme c'est le cas, là où je travaille, à des manifestations chaotiques. Malheureusement, dans ces situations, notre réflexe est de mettre de l'ordre dans un prétendu désordre : nous imposons des façons d'être le plus souvent conformes à nos valeurs personnelles, qui de fait vont nier et étouffer celles des personnes accompagnées.

Dans le sens où je le propose, prendre soin des intervenants me semble un accès à privilégier pour prendre soin des jeunes et des familles que nous accompagnons. C'est maximiser le potentiel de transformation réciproque que contient toute relation.

Nous étouffons trop souvent l'aspect créatif du chaos, avant même de tenter de le comprendre. Les manifestations de crise nous déstabilisent ; et je n'entends pas la crise seulement comme désorganisation physique, perte de contrôle, mais aussi et surtout les désirs de mort, la dépression (forme de crise latente-présente), la violence retournée contre soi, contre l'autre, etc. C'est une confrontation avec ce que nous ne voudrions surtout pas vivre. Les mécanismes de défense se mettent alors facilement en place et viennent appauvrir la relation. En premier lieu, la projection : nous nous exprimons en termes de « tu » face au jeune, voire de « il ». C'est le retrait du « je », où le jeune est chosifié par l'absence symbolique dans le langage. Nous disons que tel jeune joue à provoquer ceci ou cela, alors que, par définition, la relation est une affaire qui ne se passe jamais seule : nous jouons ensemble. Nous nous mettons ainsi à l'extérieur de la relation... ce qui est un leurre, bien entendu. En résumé, par peur de la différence, par habitude professionnelle à ne pas s'impliquer, pour avoir été formé avant tout à chercher ce qui ne va pas, nous passons souvent à côté de notre responsabilité dans le problème, voire même à côté des ressources des jeunes et de leurs familles. Pourtant, nous prétendons les accompagner pour qu'ils se responsabilisent. Le message non verbal ne serait-il pas alors : faites ce que je dis, pas ce que je fais ?

Socialement, il me semble urgent de changer le paradigme dominant dans la relation d'aide, lequel n'est que trop souvent linéaire et hiérarchise le rapport aidant-aidé. Je proposerais plutôt celui de la réciprocité transformatrice contenu potentiellement dans toute rencontre, où l'aidant et l'aidé s'enrichissent mutuellement.

Le regard que nous portons sur l'autre participe à ce qu'il est et à sa croissance personnelle. En cela, il me semble que les êtres humains sont interdépendants. Je crois aussi qu'il est de la responsabilité de l'aidant de regarder l'autre bien au-delà de son symptôme, de se garder de le réduire à son handicap en niant son humanité et sa potentialité. Ces considérations impliquent un engagement humain important dans la relation d'accompagnement, où seront moins présents des mécanismes de défense tels la projection, au profit d'un sens de la responsabilité accrue de l'intervenant qui s'exprimera plus volontiers au « je ».

Le cheminement que je viens d'évoquer, en présentant l'essence de l'approche heuristique telle que je l'ai vécue, m'a amené à formuler dans cet esprit mon problème de recherche.

3. Problème de recherche

La culture ambiante dans laquelle nous baignons globalement dans le milieu de l'intervention, ne pose pas la question de l'intervention sous forme de réciprocité transformatrice. Actuellement, notre société valorise une séparation abusive entre la vie personnelle et la vie professionnelle, entre « l'être » et le « faire », entre nos rôles sociaux et notre vie intime. Cette attitude n'aide pas l'accompagnateur à envisager ce nouveau paradigme de la réciprocité transformatrice. Au contraire, cette culture tend à renforcer une perspective de toute puissance illusoire, chez l'aidant comme d'ailleurs chez l'aidé. Toute puissance renforcée par la culture du déni de la mort actuellement prégnante dans notre société.

Le défi de cette recherche est de reconnaître ainsi que de valoriser la réunification de la vie de l'intervenant dans toute sa globalité. Effectivement, ce que celui-ci fait auprès des gens avec qui il travaille doit être reconnu comme étant bien plus qu'un rôle social, mais bel et bien une expression de qui il est dans le monde. Et l'accompagnement devient alors un lieu de transformation réciproque.

4. Question de recherche

En quoi le dépassement du clivage vie professionnelle –vie personnelle, permet –il le passage de la relation d'aide à la relation d'être et favorise la réciprocité transformatrice ?

5. Objectifs de recherche

Extraire de ma trajectoire de vie des enseignements pertinents pour une relation réciproque et transformatrice.

Observer dans ma pratique d'accompagnateur comment s'incarne la réciprocité transformatrice, en m'appuyant notamment sur des liens entre ma vie personnelle et ma vie professionnelle.

Déterminer en quoi la vie personnelle et la vie professionnelle s'interfécondent pour faciliter le processus de réciprocité transformatrice.

II.

ASSUMER LE SENS ET ANIMER LE MONDE : UN RÉCIT DE VIE ET DE PRATIQUE

Chapitre 3

MISE EN CONTEXTE TRANSGÉNÉRATIONNELLE

Comme je l'ai mentionné dans la première partie de ce livre, le travail d'écriture de mon récit de vie a été intense et m'a entraîné plus que jamais aux racines de mon identité. Dans cette deuxième partie, j'ai choisi d'extraire quelques passages de mon histoire pour rendre plus évidents les liens intimes entre ma vie personnelle et ma vie professionnelle. Le thème de ma recherche ne pouvait faire l'économie de cette « mise au je ».

J'ai choisi de restituer ces extraits de récits de vie et de récit de pratique sans toucher au style d'écriture ni à la forme, qui tente de se rapprocher de l'émotion tirée des événements tels que je les ai vécus.

Les chemins qui nous ont précédés, s'ils ne déterminent pas toute notre existence, tracent pour le moins une direction. Il m'a donc semblé important d'évoquer mes origines transgénérationnelles. Jean-François Malherbe (1990) évoque ce continuum familial en ces mots :

« Mais quand on raconte sa vie, on ne raconte pas n'importe quoi (...) Mes parents m'ont raconté ma vie en me racontant d'une certaine façon leur vie à eux. Ma vie a pris conscience d'elle-même à l'intérieur de récits qui étaient déjà enchevêtrés les un dans les autres. Je ne raconte pas mon histoire tout seul : dans mon histoire que je vous raconte, il y a déjà l'histoire des autres (p. 82). »

Je vous invite maintenant à rencontrer, entre autres, mes grands-parents et mes parents.

1. A la source de mes racines.

1914-1918, puis 1939-1945, deux guerres mondiales : mes grands-parents puis mes parents sont alors des enfants.

1.1 Deux guerres mondiales.

Mes grands-parents maternels et paternels sont tous les quatre nés entre l'année 1900 et 1914. Ils descendaient de familles d'agriculteurs. Le début du XXème siècle nous situe juste avant la première guerre mondiale, qui eut un impact fondamental en France. Comme l'expliquait Cyrulnik (2002) à l'émission de télévision « Le point », à Radio-Canada, toutes les familles ont eu en France un de leurs membres mort à la guerre ou devenu gravement infirme. Ceux qui n'étaient pas allés combattre ont subi eux aussi des privations et des traumatismes importants. Ils n'avaient donc pas la force de se représenter la souffrance des êtres humains mobilisés au front ; pas la force d'imaginer l'horreur. Par ailleurs, les soldats, infirmières et autres personnes de corps de métiers mobilisés au combat ne pouvaient pas émotionnellement parler de leur vécu traumatisant et fuyaient la possible pitié de leurs proches et de la société. Nous avions un cocktail détonnant favorisant le déni de la souffrance vécue, emprisonnant la parole qui, entendue et soutenue, peut devenir libératrice, voire guérisseuse ou tout au moins apaisante. Nous avions un champ fertile pour que se développent les secrets de famille, qui nous le savons aujourd'hui peuvent être fortement pathogènes en termes de maladie mentale pour les générations qui suivent. En ce sens, il est arrivé à ma grand-mère paternelle de « décrocher de la réalité », ce qui parfois nécessitait un internement de quelques jours en hôpital psychiatrique. Une de ses filles, ma marraine, est diagnostiquée schizophrène et doit régulièrement aller à l'hôpital psychiatrique. Il est possible que ce contexte de guerre ait eu une influence sur les pathologies de ma grand-mère paternelle et de ma tante. Peut-être ont-elles trouvé un véhicule d'expression qui est la maladie mentale, à défaut de trouver mieux pour « ventiler » la charge émotionnelle trop pesante logée dans l'inconscient familial ? Était-ce le poids de secret de famille ? Nul ne le sait encore aujourd'hui... Ma mère, pour sa part, a traversé plusieurs dépressions. Elle fut hospitalisée en psychiatrie pour dépression majeure à deux ou trois reprises. Et selon moi, il n'est pas anodin que je travaille aujourd'hui dans un centre de réadaptation en santé mentale.

Lors de la deuxième guerre mondiale, il y eut beaucoup d'émotions chargées d'une horreur quasi insupportable, même s'il est reconnu que la guerre de 1914-1918 fut un paroxysme à ce sujet. Mon père est né en 1936, et ma mère en 1937, et, comme leurs parents, ils ont vécu le temps de la guerre durant leur enfance. Comment cela les a-t-il marqués ?

Une des caractéristiques majeures de ma famille était une faible démonstrativité émotionnelle. Nous voyons à la lecture de ce qui précède combien ce fonctionnement est inscrit dans le contexte d'un pays, et même plus largement dans la dynamique de l'échiquier géopolitique mondial.

Ces considérations historiques et sociales me font penser que le refoulement des émotions est coloré de façon particulière dans la société française. Nous pouvons situer à la révolution de mai 68, un premier virage important allant à l'encontre de ce fonctionnement. Bien entendu, mai 68 est une date hautement symbolique. De plus, un changement social majeur mature durant plusieurs années avant qu'il ne s'incarne dans un événement significatif. En France, jusqu'en 1970, les stéréotypes culturels du rôle de la femme et de l'homme étaient très clairs. Cyrulnik (2002) nous explique à ce sujet : « Les stéréotypes culturels... ce sont eux qui organisent le discours social, eux qui prescrivent les comportements ». (émission Le Point, Radio-Canada).

En effet, jusqu'en 1970, on n'éduquait pas les garçons... Selon Cyrulnik (2002), on les dressait. Les femmes étaient domestiquées pour devenir douces et influençables. Cela impliquait que les enfants étaient parfois battus. J'ai eu la chance de ne pas connaître cela. Le conditionnement qui veut que l'homme soit fort pour braver vents et marées était très présent et l'est parfois encore dans les campagnes ou dans certains milieux. Il me semble que des résidus de ces temps existent toujours. Aujourd'hui, un homme qui verse une larme étonne toujours : ne serait-il pas un homme faible ?

1.2 Mai 68 : « Il est interdit d'interdire »

Le mouvement social de 1968 ne provoqua pas ce que les manifestants souhaitaient : une modification en profondeur des institutions politiques et sociales. Il y eut toutefois des changements, notamment en termes d'éducation. Progressivement, l'enfant eut ainsi droit à la parole. L'adulte se positionna en écoutant l'enfant dans sa demande. Je suis convaincu que mes parents ont été influencés par cette nouvelle tendance éducative. Si cela ne se traduisait pas par une communication verbale riche, il est indéniable que je jouissais d'une liberté qu'ils n'avaient pas eue, et que beaucoup de jeunes de mon âge n'avaient pas.

Ce cocktail de l'enfant Roi et d'un plus grand espace de parole pour la femme a peut-être engendré pour l'homme des difficultés à se positionner dans son rôle d'autorité ? Il me semble que mon père navigua inconsciemment dans ces eaux troubles, à la recherche d'une place auprès de ses enfants.

Dans les campagnes, l'impact est plus lent à se faire sentir. En 1969, année de ma naissance, domine le modèle patriarcal. Il est plus particulièrement présent dans certaines familles à forte tradition religieuse. Cette dominance était particulièrement prégnante dans les familles qu'on appelait « catholiques de droite ». Dans ma famille, l'éducation n'était pas rigide. Pour éclairer cette différence, je dois faire un retour dans la vie de mes parents.

1.32 Mes parents et leurs parents.

Maman est la sixième d'une fratrie de sept enfants. Ses parents étaient agriculteurs. Mon grand-père était considéré comme un homme créatif et précurseur dans son domaine. Je n'ai pas eu une relation proche avec mon grand-père, mais je me souviens de lui comme d'un homme robuste et souriant. Je garde de ma grand-mère l'image d'une femme très courageuse. De plus, elle est morte de vieillesse.

Il y a quelques semaines, mon père est venu avec ma belle-mère au Québec. Il m'expliquait que son père était beaucoup plus sévère que mon grand-père maternel. Pourtant, tous les oncles et tantes du côté de ma mère ont été des parents plus rigides que les miens. Voilà un signe de cette rigidité que j'évoquais plus haut : leurs enfants ont tous ou presque été obligés d'aller à la messe jusqu'à l'âge de dix-huit ans. J'ai eu la chance de ne pas subir cette obligation. Juste après ma communion solennelle, j'ai dit à mes parents que je m'ennuyais à la messe et que, par conséquent, je ne souhaitais plus y aller. J'avais onze ans, et ils n'ont eu aucune résistance à accepter cette requête d'enfant. Je me sentais profondément respecté.

Mon père a donc eu un père très autoritaire. Il m'expliquait que, lorsqu'il avait entre vingt et vingt-cinq ans, il participait à des réunions de la Jeunesse Agricole Chrétienne (J.A.C.). Par ailleurs, tous les dimanches après-midi, il allait à des rencontres entre jeunes, appelées « patronage ». On y jouait au billard, aux cartes, etc. C'étaient des rencontres ludiques où les hommes et les femmes étaient séparés. Mon grand-père n'était pas content, car c'était du temps que mon père ne passait pas à la ferme. Le travail sur l'exploitation agricole était la valeur de référence. Mon père se souvient de s'être ouvertement affirmé devant mon grand-père à cette époque. Il a enfin été capable de lui dire « non », mais c'est advenu bien trop tard à son goût. Il avait environ vingt-cinq ans. Il me racontait que sa mère par contre n'était pas sévère, et pourtant, en définitive, mon père m'a expliqué qu'il se sentait plus à l'aise avec son père qu'avec sa mère, celle-ci le « chouchoutait » trop, et cela le rendait très mal à l'aise.

Jusqu'au mariage de mes parents en 1966, mon père travaillait avec mon grand-père sur l'exploitation agricole familiale. Après son engagement à la J.A.C., mes parents sont allés à des réunions du mouvement Chrétien dans le Monde Rural (C.M.R.). Ils se sont beaucoup investis dans ces équipes, dont j'expliquerais la démarche ainsi : si on veut faire bouger les choses, il faut qu'on s'intègre aux rouages décisionnels. Mes parents ont longtemps été impliqués dans une équipe appelée Comité Contre la Faim dans le Monde. Ouverture sur le monde qui se retrouvera plus tard dans certains de mes engagements. Je me souviens d'une discussion, il y a un an, avec le père d'un ami qui participait à ces rencontres. En substance, il me disait : « Ton père en particulier, mais aussi ta mère, étaient bien moins frileux que nous. Ils nous bousculaient dans nos façons de voir les choses. Les prises de position de ton père m'ont aidé à prendre du recul sur mon éducation et la place écrasante de la religion. » Cette discussion avec cet homme robuste de la campagne, au-delà de la soixantaine, me fit beaucoup de bien. Je découvrais une facette de la personnalité de mon père à laquelle je n'avais pas eu accès, moi qui pendant des années souffris de son manque d'affirmation. Goût étrange mais savoureux que mon père eut été une référence pour bousculer des schémas sociaux indélogeables. Il y a peu de temps, j'ai pris conscience que j'avais tendance à occuper cette place de « bousculeur d'idées reçues ». Au regard de ce que je viens d'écrire, j'interprète la nature de mes engagements comme une forme de loyauté invisible à des ressources familiales restées trop longtemps dans l'ombre.

2. Influences sur ma vie

Je pense que mon père a réussi à s'éloigner de l'omnipotence de son patriarche en trouvant une source d'émancipation dans une implication associative importante. Ces mouvements portaient une idée forte de l'équité et de la justice sociales. La chance que nous avons eue c'est qu'il n'a pas reproduit avec ses enfants, l'éducation très rigide qu'il a subie de son père. Cependant, j'ai longtemps souffert d'un père qui ne m'a jamais valorisé dans ce que je faisais. Il parlait peu, et je ne me souviens pas d'un seul geste d'affection qu'il ait pu me donner. Il n'a jamais été un homme froid et dur, mais plutôt distant voire absent, comme beaucoup d'hommes de sa génération. Absence non pas physique, mais absence de figure identificatrice apportant une sécurité de base, une autorité masculine ; cependant figure d'identification positive à travers ses implications sociales et sa sensibilité à toute discriminatons. Ce que je ne découvris que plus tard...

Je me suis senti beaucoup plus soutenu par ma mère. Elle m'emmenait le samedi lorsque je jouais au football. Elle venait m'encourager. À la pré-adolescence, elle était la seule mère parmi celles de la bande de copains à nous emmener en voiture pour des activités spéciales. Elle a été très présente durant le temps où elle n'était pas dépressive.

Nous constatons que mes parents, notamment par l'influence des deux guerres mondiales, ont grandi dans un contexte où les émotions étaient étouffées. A ce sujet et aussi excessive qu'elle puisse paraître, la réflexion de Carl Withaker (1998) nous interpelle :

« Promouvoir le développement du droit des enfants à être eux-mêmes est probablement la fonction la plus importante de la parentalité. Il n'existe pas d'autres relations où nous pouvons être aussi honnêtes ou aussi proches que nous le sommes avec nos parents. Par conséquent, plus l'enfant voit la nudité émotionnelle de ses parents, plus il est préparé à affronter les moments et les fragments de nudité qu'il verra en lui-même et dans les autres, dans son monde adulte » (p. 74).

Chez nous, les émotions et qui plus est la souffrance ne se disaient pas, celle-ci était tue. Tue comme une petite mort qu'on garde à l'intérieur. Petite mort qui occupe un espace où devrait se déployer la vie. Ils n'avaient pas appris à dire leurs émotions et ils n'ont pas eu la chance de transcender cette difficulté. Ils ont donc reproduit ce comportement dans notre vie familiale. Je n'étais pas outillé pour « ventiler » mes émotions, exprimer ma souffrance, lorsque ma vie m'a confronté à vivre des événements douloureux. Cette souffrance s'est ainsi déposée au fond de moi. Elle s'est terrée pour rejaillir subitement avec violence alors que je ne l'attendais plus. Elle s'est imposée à moi par l'instinct de survie. Pour continuer de vivre, il me fallait consommer mes douleurs, à défaut d'avoir rencontré sur mon chemin des personnes suffisamment significatives qui m'auraient offert un modèle de relation où les émotions vivent en habillant les mots. Démuni de l'ancrage parental offrant une sécurité de base, je flottais dans des eaux troubles, opaques, pour affronter les épreuves paroxystiques de ma vie. Opacité devenue rigide ; rigidité contre laquelle je me suis un jour fracassé au point de me rapprocher de la mort. Le désir en moi était presque mort. Ou peut-être plus justement, il ne pouvait plus rester étouffé ?

3. La ressource familiale

Toutefois, j'ai eu la chance d'avoir une éducation qui, n'étant pas rigide, m'a permis de faire mes propres expériences. En ce sens, l'écoute de mes parents lors de certaines revendications, leur confiance à me laisser vivre certaines expériences ont favorisé mon autonomie et ma propre capacité à faire confiance. De cette façon, même si longtemps j'ai souffert d'un manque de confiance en moi, j'ai rapidement eu confiance en l'autre. Ce déficit d'estime de soi a amplifié mes difficultés à surmonter certaines épreuves au point de flirter avec le précipice ; mais cette capacité à faire confiance en l'autre, que je situe selon l'expression de Cyrulnik comme une « braise de résilience », a été le moteur pour m'engager dans un travail d'intériorité lorsque ce fut urgent, puisqu'il était question de choisir de continuer de vivre. Ayant confiance en l'autre, aller chercher de l'aide me fut plus facile. Et je m'engageai alors intensément dans la relation thérapeutique.

Ne pouvant m'amarrer à mon port d'ancrage intérieur, j'ai souvent été le miroir pour aider mes amis à naviguer vers leurs balises. Nous échangions sur leurs difficultés, leurs souffrances, et ma gymnastique était d'accueillir cette souffrance pour ensuite les aider à la dépasser. Je trouvais là un double intérêt : m'occuper du handicap des autres me permettait de ne pas poser un regard sur le mien ; et dans ce processus où je semblais soutenir, je trouvais une place où j'étais reconnu, valorisé.

Après cette mise en contexte globale quant aux grandes lignes de la dynamique familiale telle que je l'ai comprise et intégré, je vais maintenant revenir à des événements précis de ma vie, en commençant par ma démarche thérapeutique. J'ai sélectionné des passages de l'écriture de mon récit de vie, qui éclairent selon moi concrètement, dans les traces du déroulement de ma vie, le sens que je donne au concept de réciprocité transformatrice. Celui-ci impose d'envisager de façon intégrale la vie de l'intervenant, quand bien même, les événements ne semblent pas avoir de liens entre eux lorsque nous les vivons. Jean-François Malherbe (1990) explique le sens de « raconter sa vie » :

« Raconter sa vie est un véritable travail : c'est accoucher de soi-même, c'est mettre de l'ordre en soi, tenter de dire qui on est en disant qui on a été et qui on voudrait être (...) C'est mettre en perspective des événements qui paraissent accidentels. C'est distinguer dans son passé l'essentiel de l'accessoire, les points fixes. Raconter sa vie permet de souligner des moments plus importants et aussi de minimiser d'autres événements (...) Le récit crée une intelligibilité, donne un sens à ce que je fais. » (p. 81)

Après avoir situé le contexte transgénérationnel, je vous invite à la rencontre de capsules de vie parmi les plus significatives pour moi. Je les ai séléctionnées, car elles donnent à la fois un sens à la nature de mon engagement professionnel et elles contiennent la gestation, puis l'accouchement du concept de réciprocité transformatrice.

Après cette mise en contexte globale quant aux grandes lignes de la dynamique familiale telle que je l'ai comprise et intégrée, je vais maintenant revenir à des événements précis de ma vie, en commençant par [illegible]

Chapitre 4

L'EMERGENCE DE LA RECIPROCITE TRANSFORMATRICE

1. Dans l'intimité de ma vie personnelle et professionnelle.

> *Le travail de la mémoire constitue un appel de l'Autre en soi et il maintient cette porte ouverte.*
>
> *Jeanne-Marie RUGIRA*

Mars 1994. Quelques jours après être sorti de l'hôpital, je me souviens de ma solitude, seul dans mon appartement. La rupture survenue la semaine précédente avec la femme que j'aime envahit tout mon espace vital. La douleur s'installe physiquement dans mon corps. J'ai de grandes difficultés à trouver le sommeil. Un matin je me lève. J'essaie d'écrire, mais je ne peux pas : j'ai un début de crampe dans l'épaule droite. Je suis exténué par la fatigue. Ma décision est prise. Cela fait plusieurs jours que je dors très peu. Je ne peux retrouver seul le sommeil. J'ai besoin d'aide. Je décide donc de prendre rendez-vous avec le docteur Durand. Il est médecin généraliste de formation. Il a suivi une formation en homéopathie, en acupuncture, en thérapie manuelle. Par ailleurs, c'est un autodidacte qui s'est instruit sur les médecines chinoise, tibétaine et indienne. Il donne régulièrement des sessions de formation en thérapie énergétique. J'en oublie sûrement.

Je me souviens de la première séance. Je lui explique pourquoi j'ai choisi de le consulter en des termes proches de ceux-ci : « J'ai pris rendez-vous avec vous pour votre approche globale, mais aussi parce que vous êtes un homme. Mon père ne parle pas ou peu, et j'aimerais qu'il y ait un véritable échange pendant les séances. J'ai besoin de cela. »

Il me demanda d'abord de m'allonger. Puis après peut-être trente minutes d'examen, nous avons discuté pendant une heure trente. Une des premières questions qu'il m'a posée a été la suivante :

« Quel métier faites-vous ? »

Moi : Éducateur... je travaille dans un foyer avec des adultes déficients intellectuels.

Lui : Oui... c'est pratique de s'occuper du handicap des autres. Cela permet de ne pas regarder le sien.

J'étais servi, et il répondait à ma demande au-delà de mes espérances, en ce sens que j'avais face à moi quelqu'un qui avait de la « consistance ». Celle que je ne trouvais pas chez mon père et qui me manquait. Je me sentais en confiance. Je me souviens m'être engagé dans ce qui fut une thérapie brève avec intensité. Des souvenirs me revenaient à la mémoire.

Ils avaient été enfouis et remontaient au galop. Beaucoup étaient liés aux dépressions de ma mère. Par exemple, je regardais, pleurant derrière la fenêtre, ma mère partir à l'hôpital psychiatrique, et je me demandais pourquoi je n'avais pas voulu y aller ; ou encore la demande de ma mère de la serrer dans mes bras lorsque j'étais adolescent... n'ayant pas appris à exprimer ainsi la tendresse, j'étais resté figé. Toute mon impuissance rejaillissait, faisant probablement écho au sentiment d'abandon que je vivais dans ma relation amoureuse. Par ailleurs, je me déchargeais du lourd fardeau de la culpabilité d'avoir été le seul membre de ma famille à ne pas avoir été présent lors de la mort de mère. Qui sait, peut-être aurais-je pu la sauver ? Cette culpabilité, ce regret d'avoir été absent, je le nommais clairement.

Après la deuxième séance, le docteur Durand m'a demandé de réfléchir à deux ou trois questions qui étaient en lien avec mon père. Je ne me souviens plus de ces questions. Elles m'ont cependant amené à parler à mon père. Ce fut un moment important de ma vie qui dura quelques secondes. Depuis le décès de ma mère, mon père m'a toujours paru fragile. Je voulais lui parler tout en prenant soin de cette fragilité.

2. A la recherche de la reconnaissance dans l'œil du père

Je suis assis dans la cuisine. Mon père est debout. Je lui dis : « Papa je voudrais te parler. » Il s'assied. Je continue : « Je fais un travail avec un thérapeute... un médecin. J'ai beaucoup souffert de la séparation avec Laure et j'essaie de comprendre un peu mieux certaines choses de ma vie... Avec toi, je sais que j'ai souffert de ne pas avoir été valorisé. Je ne me souviens pas que tu me faisais des compliments quand j'étais enfant, puis adolescent. C'est ce que j'avais de plus important à te dire, car je sais que ce fut un manque important pour moi. Je ne veux pas te blesser, mais il fallait que je te le dise. » Un moment de silence court et dense parcourt la pièce. Silence pendant quelques longues secondes. Puis il me dit : « Oui, c'est vrai... J'ai jamais été habitué à ça avec mon père. J'ai jamais connu ça. Je sais pas comment on fait. » Dans ses yeux, non pas la culpabilité, mais une fébrilité empreinte de surprise. Notre échange se termine là. Je le remercie. J'aurais aimé le prendre dans mes bras, mais on ne fait pas ça chez nous.

Je savais que mon père ne serait pas volubile. J'avais même imaginé qu'il ne pourrait pas parler. Avant de l'entendre, je connaissais sa réponse. Ma raison le savait, pourtant il fallait que je traverse l'émotion d'un échange de cœur à cœur ; l'entendre de sa bouche pour que le chemin se fasse entre ma tête et mon cœur. Chemin qui ne laisserait plus place à ce que d'autres interprétations s'immiscent pour venir me troubler. Et puis, la victoire de cet instant n'était pas dans ses mots, dans cette réponse courte. Elle était dans le fait qu'il avait eu le courage de me les dire. Il n'y avait eu ni dérobade, ni paralysie. C'était comme un sceau posé sur des blessures archaïques, qui entérinait définitivement l'idée que mon père n'était pas seul responsable de son attitude. Au fond, il agissait « comme il pouvait » avec son héritage. Il était plus confortable pour moi de le savoir aussi « victime » d'un manque dans cette histoire. Cela atténuait le sentiment que je lui en voulais. Il me semble que cela laissait inconsciemment plus de place à l'idée que mon père pouvait m'aimer, tout simplement. Sans que nous le sentions arriver, virevoltant tendrement dans les airs, un voile d'amour s'est déposé ce jour-là sur notre relation.

La troisième séance avec le docteur Durand fut courte. Elle se résuma à cinq minutes après lesquelles il me dit que le traitement était fini ! Un mois s'était écoulé depuis le début de ma thérapie. J'avais fait un chemin considérable : j'avais parlé à mon père, j'avais fait des liens importants entre la rupture avec Laure et le décès de ma mère. J'avais revécu des épisodes douloureux de ma vie pour mieux m'en affranchir. À cette troisième séance, je me souviens avoir dit que je me sentais vraiment mieux. Le sourire s'invitait à nouveau dans mon existence.

La rencontre avec le docteur Durand m'a ouvert les yeux sur les gains que j'avais à être intervenant. Qui aide qui ? Ce n'était plus aussi clair qu'avant... ce qui devenait certain, c'est que cette notion d'aide n'était surtout pas linéaire. Dans cette nouvelle chorégraphie de la réciprocité transformatrice, se déployait une danse sur le thème d'une réciprocité entre la santé et la maladie. Ces deux acteurs majeurs de la vie, dialoguaient ensemble sur des rythmes tantôt endiablés, tantôt reposant. Ma pratique fut progressivement modifiée par ce bouleversement paradigmatique. Les deux exemples qui suivent symbolisent ce mouvement.

3. Au-delà de la déficience : l'intelligence du cœur

Je vais relater deux événements où je discutais avec Daniel puis avec Luc, deux adultes déficients intellectuels ayant également des troubles psychiatriques. Cela devait être en 1996 ou 1997.

3.1 Daniel

Je suis l'éducateur référent de Daniel. Il a environ trente ans. Il réside au foyer depuis son ouverture en 1994. Daniel est déficient intellectuel. J'ai entendu différents diagnostics sur lui : borderline, personnes aux prises avec des angoisses prépsychotiques, personne qui présente une structure perverse. Je suis convaincu que non seulement cela en dit peu sur la personne, mais qu'en plus cela limite les voies de dépassement que nous pourrions trouver ensemble dans le contexte de l'accompagnement quotidien, en stigmatisant notre regard sur le manque plutôt que sur le potentiel. Je suis devenu méfiant sur ces diagnostics, si réducteurs à mes yeux. Ils pourraient nous indiquer des caractéristiques qu'il est important de considérer. Malheureusement, il me semble qu'ils servent le plus souvent de bouclier derrière lequel les professionnels se retranchent facilement, se préservant d'un engagement pleinement humain qui transcende le regard clinique. Certains intervenants se déplacent alors dans une cuirasse parfois épaisse comme les murs d'une ferme ancestrale et se targuent d'aider les autres. La relation d'être est alors bien loin. Irvin D. Yalom (1991), psychiatre de formation, exprime sa réticence envers le diagnostic lorsqu'il écrit : « Même le système le plus libéral de la nomenclature psychiatrique fait violence à l'autre. Si nous établissons un rapport avec l'autre en croyant pouvoir le cataloguer, nous n'identifierons jamais les parties vitales de son être qui transcendent la catégorie (p. 205). »

Nous sommes en 1997. Depuis les vacances d'été, Daniel a une copine de coeur qui habite à cent quatre-vingts kilomètres du foyer où il réside. Ils s'appellent régulièrement et ils se rencontrent une fois par mois, et ce, depuis environ trois mois. Depuis quelques jours, Daniel est ambivalent sur sa relation avec Nadine. Tantôt il semble fier et heureux d'être son ami et tantôt il ne veut plus continuer cette relation. Le temps passe, et Daniel, à plusieurs reprises, use de stratégies d'évitement pour ne pas rencontrer Nadine. Sentant probablement la distance qu'il prend, Nadine appelle régulièrement au foyer mais Daniel ne veut pas lui parler. De multiples fois, nous lui avons affirmé que nous ne dirons pas à sa place qu'il ne souhaite plus continuer cette relation amoureuse.

Il est presque dix-neuf heures, et nous nous apprêtons à souper. Je distribue les médicaments aux résidents. Une fois que j'ai terminé, Daniel vient me voir. Entre quelques onomatopées bougonnantes, il me dit qu'il en a marre de Nadine et qu'il ne veut plus la voir. J'ai convenu avec lui la semaine précédente que la situation ne peut plus durer ainsi : il doit prendre son courage à deux mains pour dire à Nadine qu'il souhaite rompre. J'essaie de l'accompagner et de lui expliquer qu'il est important que lui-même fasse la démarche. Si l'affronter de vive voix est trop difficile, je lui propose mon aide pour envisager un contact épistolaire. En fait, il aimerait que je téléphone à sa place. Il me semble ouvert à l'idée de l'appeler, mais il pense qu'il en est incapable. Nous convenons d'en reparler après le repas.

Après le souper, nous nous retrouvons dans le bureau. Il m'explique à nouveau son impossibilité de faire la démarche seul. Pour la première fois, il me dit : « C'est dur. » Je lui réponds spontanément sans réfléchir : « Oui, je crois que je comprends un peu ce que tu peux ressentir. Je me suis déjà retrouvé dans la situation où j'étais avec une amie avec qui j'avais une relation amoureuse et que je voulais. Cela m'est arrivé de prendre parfois plusieurs semaines pour finalement arriver à le faire ! Je partais, puis finalement je revenais... bref, j'en étais incapable... j'avais peur de lui faire de la peine et je pensais que si je faisais cela, j'étais quelqu'un de "pas bien "... jusqu'au jour où j'y suis arrivé. Je pense que toi aussi tu peux le faire. Si tu penses que cela peut t'aider, je pourrais être avec toi dans ta chambre pour faire le numéro et te soutenir. » Je lui ai parlé de moi sans que cela soit prémédité, naturellement.

À ma grande surprise, Daniel m'a répondu : « Oui, je veux bien. » Nous sommes allés dans sa chambre. Je lui ai passé le téléphone tout en faisant le numéro et il m'a encore dit : « Je sais pas quoi lui dire... c'est dur. » Je lui ai répondu : « Dis-lui ce que tu viens de me dire, que tu as quelque chose d'important à lui annoncer mais que tu ne sais pas comment lui dire, que c'est dur. » Il a commencé avec cette phrase et le reste s'est déplié naturellement. Très explicitement et calmement, avec ses mots, il lui a dit pourquoi il ne voulait pas que leur relation amoureuse continue. Je lui ai dit combien il m'avait surpris par son calme et la douceur du ton qu'il avait employé. J'étais témoin de sa délicatesse et cela me touchait. Ce fut un épisode important dans ma relation avec Daniel. Je ne le voyais plus avec les mêmes yeux, et cela me faisait du bien.

Nous avions débattu plusieurs fois en équipe de cette situation qui nous mettait de plus en plus mal à l'aise. Nadine appelait pour parler à Daniel, nous savions qu'il ne voulait plus sortir avec elle, mais nous ne voulions par le dire à sa place. Nous étions convaincus que Daniel ne serait jamais capable de le lui verbaliser lui-même. Durant la réunion qui a suivi, nous avons tous été surpris de constater qu'il avait franchi le pas. Cette tranche de vie partagée avec Daniel ouvrait une question passionnante : dans quelle mesure et comment pouvons-nous faire référence à notre histoire pour aider une situation à se débloquer ?

J'ai été très étonné de constater comment ses résistances se sont évanouies, après que je lui ai partagé ma propre difficulté à rompre dans une relation amoureuse. Certes, il avait été nécessaire que je sois près de lui pour composer le numéro de téléphone et que je lui suggère la première phrase, mais jamais nous n'aurions imaginé qu'il puisse faire face à cette situation en assumant sa responsabilité. Et puis, nombreux sont ceux qui ont besoin de soutien dans le contexte de l'annonce d'une séparation ! Ce sont des considérations humaines, bien au-delà de la déficience intellectuelle.

3.2 Luc

Je me souviens de l'angoisse de Luc au retour de son travail en Centre d'Aide par le Travail (CAT). Il arrive au foyer et passe devant le bureau de notre unité. Luc est un personnage très chaleureux. Il a le verbe généreux et attentionné. Très souvent, il a un mot gentil pour les uns ou les autres. Il a un peu plus de trente ans. En cette fin d'après-midi, je le trouve plutôt sombre. Il monte rapidement à sa chambre. Peu de temps après, je lui demande si tout va bien. Il me répond qu'il est inquiet, que sa grand-mère est gravement malade. Il pense qu'elle va mourir. Luc ne connaît pas ses parents biologiques. Il a vécu quelques années dans une famille d'accueil qui n'a pas pu le garder à cause de son comportement parfois difficile. Luc considère ces gens comme ses parents. La grand-mère en question est la maman du monsieur. Il m'apprend qu'elle n'en a peut-être plus que pour quelques jours. Je lui propose de prendre le temps de discuter avec lui dans sa chambre. Il accepte. Luc me parle de son inquiétude. Il fait référence à des violents passages à l'acte qu'il a eus dans le passé. Il est très inquiet à l'idée d'être envahi par la mort de "sa "grand-mère, au point que son angoisse se transforme en violence. Il s'imagine qu'il ne pourra plus se contrôler si elle meurt et qu'il fera voler plein d'objets : table, chaises, etc. Ce qu'il a précisément déjà fait.

Après qu'il m'a dit toute son angoisse, je lui pose quelques questions sur « sa » grand-mère. Depuis quand la connaît-il ? Quels bons moments a-t-il vécu avec elle ? Le visage crispé de Luc se détend. Il sourit. Pendant quinze minutes, peut-être plus, je l'écoute me parler de « sa » grand-mère. Je ne me souviens plus de ce qu'il me disait. Par contre, je revois très nettement son visage, heureux, vivant. Je me souviens de l'atmosphère de la pièce. Nous sourions puis rions ensemble à l'évocation de tel ou tel souvenir. La parole de Luc retrouve son aisance. Elle coule à flot continu pendant un certain temps. Nous nous abreuvons à cette source rafraîchissante. Après que Luc a épuisé les souvenirs qu'il voulait partager avec moi, je lui parle à nouveau. Je lui dis que je suis touché par ce qu'il vient de me raconter... touché parce que j'ai senti l'amour qu'il y avait entre lui et sa grand-mère. Il m'a donné envie de l'aimer. Je lui explique qu'il me semble normal qu'il ait peur de ne plus se contrôler si sa grand-mère meurt, qu'il sente l'angoisse l'envahir en imaginant ces instants où elle ne sera plus là. Je lui dis alors dans des mots proches de ceux-ci : « Luc, je vais partager avec toi un petit bout de mon histoire. Il n'y a pas longtemps, une personne que j'aimais beaucoup est morte. J'avais beaucoup d'amour pour cette personne, j'étais proche d'elle. Le jour de son enterrement, à la fin de la messe, je me suis effondré en larmes. Je ne pouvais plus m'arrêter de pleurer. Pendant dix minutes j'étais une vraie fontaine ! Mes larmes me faisaient du bien. Puis, une amie m'a pris la main. Doucement, je me suis apaisé. J'étais plus calme. On a besoin d'aide quand une personne que l'on aime meurt. J'ai eu besoin d'aide pour un autre décès qui a été très difficile quand j'étais plus jeune. On est triste, parfois angoissé. On peut se sentir en dépression. On peut perdre quelque temps le goût de vivre. Pour moi, tout cela est normal. Je crois que si tu as peur de la mort de ta grand-mère, c'est parce que tu l'aimes. Et que cela t'angoisse, c'est aussi normal pour moi. C'est le signe qu'il y a un bel amour dans ton cœur pour ta grand-mère, et ça c'est magnifique ! C'est beau ce qu'il y a en dedans de toi pour elle et que tu as partagé avec moi tout à l'heure dans tes souvenirs. Il y a tes parents adoptifs, que tu vois de temps en temps qui t'aideront, et puis nous sommes là au foyer pour discuter avec toi, tout simplement, quand tu en auras besoin. » Je me souviens la question de Luc qui a fusé tout de suite après : « Toi aussi tu as eu besoin d'aide ? ». J'ai répondu : « Oui, Luc, j'ai eu besoin d'aide. Et tu vois, aujourd'hui je vais très bien ! L'aide qu'on s'apporte peut être entre amis, tout simplement. C'est important de vivre sa tristesse quand on est malheureux. Alors, que tu me parles de ta peur et de ton angoisse, je trouve cela très bien. Je crois que c'est comme ça que tu vivras le mieux ta tristesse. » J'ai laissé un temps de silence. Luc et moi étions très attentifs à nos propos respectifs. Nous étions dans un échange se situant entre les frontières du spirituel et du thérapeutique, empreint d'une grande simplicité et de beaucoup de spontanéité.

Je ne sais pas s'il en était de même pour lui, mais nos silences me parlaient. Ils résonnaient de nos calmes intérieurs. Notre discussion a pris fin. Nous avons convenu qu'il reparlerait de ce qu'il vivait quand il en ressentirait le besoin.

La grand-mère de Luc est morte peu de temps après. Luc est allé la voir sur son lit de mort. Il a participé à la sépulture. Avant et après, il m'en a parlé, partageant les émotions qu'il vivait... simplement, sobrement, comme tout être humain qui accepte de rentrer dans la tristesse qui s'offre à lui plutôt que de la fuir.

Ces deux exemples très simples m'ont beaucoup appris sur ma pratique d'intervenant. Par leurs réactions empreintes de spontanéité, Daniel et Luc m'avaient démontré qu'une certaine forme d'engagement dans la relation d'aide ouvrait des portes qui trop souvent restent closes. Au-delà d'un statut d'intervenant et d'adultes déficients intellectuels –sans pour autant nier la réalité –il est important pour l'intervenant de s'ouvrir parfois sur des événements personnels. Nous sommes plongés dans un accompagnement quotidien des personnes, le plus souvent au cœur de leur intimité. En témoignant que notre vie ne se limite pas à la sphère professionnelle, quand cela est pertinent pour l'accompagnement, on humanise selon moi la relation en même temps que nous sortons d'un fonctionnement sur le mode du clivage. N'oublions pas que le clivage est un moyen de défense utilisé fréquemment chez les personnes qui ont des problèmes de santé mentale.

Je vais revenir maintenant à mon récit de vie, à des événements où j'ai été confronté à la mort. C'est à la fois le tissage d'une réciprocité et d'un dialogue entre la vie et la mort, au cœur même de mon intimité personnelle et professionnelle. Ensuite, j'évoquerai deux accompagnements de personnes en fin de vie, dans un service de soins palliatifs en milieu hospitalier. Le lecteur élaborera librement sur les liens éventuels entre ces différentes « capsules » de ma vie.

Chapitre 5

DIALOGUE ENTRE VIE ET MORT.

1. 1981, première confrontation avec la mort

Mon grand-père paternel s'appelle Gabriel. Il aime s'amuser avec moi. Je suis son premier petit-fils, d'ailleurs le seul qu'il ait connu. Pépé, c'est ainsi que je l'appelais, n'a pas de cheveux. J'aime toucher son crâne d'autant plus qu'il a un petit trou sur le haut de sa tête. Ça m'intrigue et ça m'amuse. Il est toujours souriant avec moi. Jamais je ne l'entends se plaindre ou rouspéter... que du rire et du jeu avec lui !

Et puis un jour, c'est le choc : on me dit qu'il est mort. On m'explique qu'il était à l'hôpital. Il a eu un problème de circulation sanguine dans la tête. On me dit même que c'est mieux qu'il soit mort, car sinon il aurait été paralysé. Et Pépé dans une chaise roulante, je ne peux même pas l'imaginer ! Mais moi, je m'en fous, ce que je veux, c'est jouer et rire avec Pépé.

Mort, on l'a ramené dans sa maison. Je vais avec mon papa et ma maman pour le voir une dernière fois. J'ai peur. Mon père et ma mère entrent dans la chambre où son corps est allongé. Je les suis. Ma tante Madeleine me prend par la main et me dit : « Viens, on va aller voir grand-père tous les deux . » Elle s'assoit avec moi. Nous sommes à la droite du lit, tout près de Pépé. Je suis impressionné, il est tout blanc. Elle continue : « Regarde son visage comme il est reposé... et puis regarde ses lèvres, tu vois quand on le regarde de ce côté-là, on peut voir qu'il sourit. Il est bien là où il est, grand-père, il n'a pas mal. » Ma peur s'est envolée. Je me sens bien. Je retrouve le sourire de Pépé que j'aime tant. Il est encore un peu là.

Je suis infiniment reconnaissant à ma tante Madeleine. Son accompagnement plein de délicatesse et de tendresse a contribué à installer en moi une sécurité de base face à la mort.

2 Mort de mes grands-parents maternels : l'importance du rituel

Un exemple : ma grand-mère maternelle

1982, Mémé plie bagages; elle s'en va. Veillée de prière... Tout est doux, chaleureux, calme, paisible...

Ce soir-là, je dis au revoir à Mémé. Elle a quatre-vingt-deux ans. Elle est morte de vieillesse. Son souffle de vie terrestre s'est éteint progressivement pendant la semaine. Elle s'en est allée répandre une brise dans un ailleurs. C'était son temps. C'était son heure, c'est évident.

Je me souviens de ses mains. Plissées comme deux vieux parchemins porteurs d'un mystère, usées par le dur labeur de la campagne. Déformées. Les doigts crochus, abîmés. Le visage buriné par les éléments de la nature. Ridée par la caresse aride et dépouillée de la terre. Mémé, c'était une ravine affaissée. J'aurais aimé marcher à pas lents dans cette ravine pour goûter ses saveurs. Me lover dans le creux de son histoire et l'écouter, comme un enfant se remplit d'un conte de Noël. Mémé, c'était une paysanne, une femme des champs. Ça se lisait sur son dos voûté. Si elle avait été une fleur, elle aurait été un tournesol. La tige droite, le cœur tourné vers le soleil, le jour; la nuit, elle se réchauffe de la chaleur reçue en se recroquevillant délicatement sur elle-même. Elle a regardé la terre de près, les yeux dans les yeux; une vraie histoire d'amour. J'aime imaginer que la terre était l'amant qui a transformé son corps.

Mémé, je ne la connaissais pas. Pour moi, elle est presque un mythe : l'incarnation de la sagesse en héritage de la Mère Terre.

Mémé, c'est un regard profond. Un regard sourire enveloppant. C'est tout ça qu'elle me susurre au creux de l'oreille. Sans le dire, mais en s'arrangeant pour que je l'entende. Délicatesse extrême...

Mémé, c'est le paradoxe de la femme forte se reposant sur sa canne en bois clair avec à son bout un caoutchouc noir.

Une photo à ses noces d'or : le soutien de la canne à gauche et de pépé à droite. Ils sont beaux. Incroyable ! Plus beaux que des jeunes mariés. Comme si le temps avait eu un effet exponentiel sur leur amour.

Enfin Mémé, c'est la mère de ma mère. La verticalité malgré son dos courbé. Toucher sa bosse portait bonheur, c'est sûr...

Retour à la veillée de prière. Son mari, ses enfants et presque tous ses petits-enfants sont autour d'elle. J'entends les mots de Pépé : « Elle a eu une belle mort. Chez elle, entourée de tous ses enfants. C'est une mort comme ça que j'aimerais. »

Mémé est sur son lit de mort. Froide, elle me réchauffe. Je ne la connais pas et je l'aime. Pourquoi ? Je ne cherche pas. Pas de réponse surtout... ce serait une petite mort, la deuxième. Elle viendrait abîmer la perfection de son départ. La première est trop belle ! Nul besoin d'une nouvelle prise, elle est parfaite ! Merci Mémé ! Ton départ a été délicat, bienveillant pour tous. Le plus beau de tes cadeaux. Je le sais aujourd'hui.

Les décès de mes grands-parents maternels et de mon grand-père paternel continuèrent d'alimenter ma sécurité de base sur la mort. Ma tante Madeleine avait posé les premières balises. Elles furent enrichies par mémé Mélanie et pépé Eugène... leur mort est un doux souvenir. Probablement que cela a eu son importance quand la mort s'est rappelée à ma vie violemment.

La veillée de prière est un rituel important dans mon histoire de vie. On est dans la maison de la personne morte, lieu central de son histoire de vie. Tous les proches sont regroupés autour de l'être plus ou moins aimé... on partage des souvenirs. Il y a de la chaleur, on s'aime, on se raconte à travers la mort de celui ou celle qui s'en va. On socialise nos sentiments. Les gorges serrées se délient, le nœud à l'estomac se dénoue. Par la parole du silence ou l'écoulement des mots. C'est la prose du cœur, « un instant de poésie sacrée qui devient une prière à soi », qu'on s'offre et qu'on offre dans un espace de résonance sensible. Chacun avec sa couleur, sa douleur, sa douceur, on habite une présence et on crée une communion vivante, au cœur même de la mort qui nous réunit. Mystère... Trait d'union entre la vie et la mort. Rituel si précieux qui donne un élan, qui aide à tendre vers l'acceptation de la mort de la personne aimée et qui vient de trépasser... rituel aidé par le sablier du temps qui creuse le sillon menant à l'apaisement, à la paix du cœur.

Mort présente; vie condensée... vie qu'on danse par la valse de mots, rythmés par des silences... Intense.

C'est paré de ces accompagnements et rituels familiaux que j'ai dû affronter la mort accidentelle de ma mère. Je pense qu'ils se sont avérés précieux... dans un second temps.

3. « Ta mère est morte »

26 juillet 1986.

Je me souviens de cette soirée hors du temps. Je suis dans une discothèque avec des amis, où mon cousin est barman. Il y a deux grandes salles dans cette boîte de nuit. La première est plutôt exiguë, et la seconde très grande. Au fond à gauche, il y a un bar rond. En contrebas de cette salle immense, la piste de danse. Nous pouvons admirer les talents des uns et des autres pour l'art de Fred Astaire.

Mon cousin s'approche de moi. Il a le visage grave. Il me demande de le suivre pour répondre au téléphone. Je le connais suffisamment pour comprendre que quelque chose d'anormal est arrivé. Nous arpentons la grande salle pour nous glisser dans la petite salle de danse. Je suis son pas. Rapide. Je me souviens exactement de l'endroit où il s'arrête pour se retourner. C'est à environ quinze mètres de l'entrée, où se trouve le téléphone. Il est livide. Il se retourne et me dit : « Ta mère est morte. » Je le regarde. Je comprends sans comprendre. Ses mots sont les mêmes que le début du roman d'Albert Camus, L'étranger : « Plus que jamais concerné, je suis pourtant l'étranger… étranger coupé de la réalité violente qui tombe sur lui comme la foudre. » Choc. Je n'entends plus la musique. Je suis projeté dans un monde froid et dangereusement silencieux. En automate, dans cette ambiance d'alcool, d'odeur de cigarettes et de bruit, je me dirige vers le téléphone. C'est le père d'Olivier, mon oncle Bernard, qui parle à l'autre bout de la ligne… Je l'entends me dire : « Christophe, il va falloir être courageux. Ta maman a eu un accident en vacances… » Je ne me souviens pas du reste. J'ai probablement répondu « oui » à tout ce qu'il disait, aphone du cœur et de la tête. Que dire ? Que faire ? Je me souviens de ces instants et je n'étais plus là. J'étais juste un corps. Je n'étais pas ailleurs. Je n'étais pas, tout simplement. Ni mort ni vivant.

Un ami m'emmène chez une tante et un oncle. Bernard est là. Je me souviens aussi de ma tante Lucie. Assise au bout de la table de cuisine en formica, face à moi. Je verse quelques larmes. Je commence à sortir de ma léthargie. Lucie fait le tour de la table pour venir me serrer dans ses bras. Elle me dit tout en pleurant : « Pauvre Christophe, j'ai mal pour toi. » Plus que ses mots, son corps collé contre le mien me réconforte. Il me connecte à un soupçon de vie. Tout va vite. Je pars en voiture avec

Yves et Bernard, deux frères de maman. Destination : le lieu du drame. Je suis assis derrière. Le plus souvent allongé. Je ne sais plus s'ils m'ont parlé cette nuit-là. Nous arrivons en Auvergne au petit matin, après quatre ou cinq heures de route. Maman, papa, Maryse et Pascal étaient installés sur un terrain de camping, avec la caravane pliante. La première image est celle de papa. C'est ça, ce sont des images qui se présentent à moi... rien n'est animé. Je ne vis pas ce que je vois. Papa a les bras qui tombent le long de son corps. Je m'avance vers lui. Je le serre dans mes bras. Il ne bouge pas. C'est le souvenir pour moi le plus douloureux. Pauvre père devant son fils aîné qui ne peut le serrer dans ses bras... c'est comme s'il était mort. Et pauvre fils de ne pas arriver à rejoindre son père dans la souffrance... même dans la souffrance. Papa se sent-il coupable ? Paralysé... trop de souffrance, de tout, de rien, de je ne sais quoi... trop pour pouvoir m'accueillir avec un brin de vie dans ses bras. Mon papa que j'aime... pas mon père... mon « papa ». Car plus que jamais, je suis un petit enfant qui a besoin de tendresse, de chaleur... d'un soupçon de vie à même la mort. On aurait pu pleurer ensemble, mais on ne savait pas comment le faire.

Maman est partie. Emportée par les eaux d'un lac majestueux. Elle s'est noyée. Avec mes oncles et ma famille, nous allons la voir. Elle repose dans une petite chapelle, au milieu de l'Auvergne, terre de volcan éteint. Le mien se réveillera dix ans après et fera écho à cette souffrance cruelle de la mort de ma mère.

Le jour même, nous rentrons à Teloché, le village où nous habitons. Maman revient chez elle dans un cercueil. La loi stipule que le cercueil doit être scellé.

Stupide. Un des frères de maman pleurera de ne pouvoir la voir une dernière fois. S'il avait su, il serait venu avec nous.

Pendant trois jours, la famille, les amis défilent chez nous pour un dernier adieu intime. Un signe de reconnaissance. Une présence pour dire qu'on est là avec vous, au milieu de votre solitude que nous ne pouvons habiter. Je me souviens du jour où mon copain Laurent est venu. Je suis dans ma chambre. Il me rejoint. Il ne sait quoi me dire, puis il se met à pleurer. Quelques mots s'extirpent de ses larmes : « Je croyais que j'allais la voir une dernière fois. J'ai été surpris qu'elle soit dans un cercueil fermé. » Je le console avec des mots. Je ne me souviens plus lesquels. Il ajoute : « Je suis stupide. C'est ta maman qui est décédée, c'est moi qui pleure et c'est toi qui me console. » Non Laurent... tu n'as pas été stupide. Tes larmes m'ont fait beaucoup de bien. Elles ont témoigné de ton attachement à ma mère. Ce fut une chaleur pour mon cœur. Souvent, ce sont les personnes touchées de près par le deuil qui prennent soin des autres dans ces moments–là. On ne veut surtout pas parler de soi parce qu'on est très fragile. La souffrance est trop vive pour s'exprimer. Alors, on s'enquiert rapidement du bien-être des visiteurs venus nous réconforter.

Trois jours plus tard. Veillée de prière. La salle à manger est pleine à craquer. Toute la famille et des amis proches sont avec nous. Je suis à droite du cercueil. Les uns et les autres relatent des souvenirs. Entrecoupés de temps de prière. Juste avant la fin, je sors dehors submergé de larmes.

Le lendemain matin, les funérailles. Tout va vite. À la fin de la messe, nous allons bénir le cercueil. C'est mon tour. Comme un robot, je fais un signe de croix avec le goupillon que je trempe dans l'eau bénite. Il pèse une tonne. Je retourne à ma place. Je pleure. La seule fois pendant cette messe d'adieu à maman. Papa se tourne vers moi, pose une main sur mon épaule et me demande si ça va… merci papa.

L'église se vide. Maman passe devant nous. Nous la suivons. À la sortie de l'église, un goût amer se dépose sur mes lèvres. Je lève la tête, et plein de gens forment une large allée. Je croise des regards. Sommes-nous un spectacle ? Je me suis promis ce jour-là de ne jamais faire cela : attendre et regarder.

Je me souviens le soir de l'enterrement. Nous sommes peut-être une quarantaine à manger à la maison. L'ambiance est chaleureuse. Ma tante Madeleine mange près de moi. Je l'aime. Toute la famille ou presque est là. Qu'il est important cet instant où la présence de maman est au centre de ce qui nous unit tous !

Il s'est passé dix ans après le décès de ma mère avant que je sois capable d'élaborer sur ce que j'avais vécu : dix ans de refoulement que j'évoquerai un peu plus loin. Après ces dix années, je suis allé voir un thérapeute et il s'est écoulé encore une année avant la rencontre de Fred et ce qui s'ensuivit.

Fin 1996. Fred est une des plus belles rencontres de ma vie… et des plus courtes. Sans mon engagement autour de la mort de Fred, jamais je ne me serais engagé à faire deux ans d'accompagnement auprès de personnes en fin de vie. La mort de Fred à fait « remonter » la sécurité de base déjà évoquée plus haut quant à ma relation à la mort. De plus, elle m'a permis de calmer en partie, la blessure de ne pas avoir été présent auprès de ma mère à sa mort.

4. L'ami Fred

La rencontre avec Fred marqua d'une empreinte indélébile mon stage au Québec.

Fred avait vingt-cinq ans et il était étudiant à Tours. Je le connaissais peu. J'effectuais mes études en cours d'emploi alors qu'il était à temps plein. Nous nous étions rencontrés à l'occasion, mais nous n'avions jamais vraiment sympathisé. Lui aussi faisait un stage au Québec. Comme la majorité des stagiaires, il était à Joliette alors que j'étais à Shawinigan. Nous avons vraiment commencé à faire connaissance lors d'une fin de semaine en septembre dans Charlevoix. Ce fut le début de quelques rencontres intenses. Fred était très croyant. Nous partagions une préoccupation commune : quelle est la nature de l'Amour et comment nous pouvons le vivre quotidiennement ? Il trouvait une partie de sa réponse dans une ferveur religieuse originale. Il ne laissait personne indifférent, car le bougre était un joyeux charmeur tellement il aimait la vie ! Il avait une passion pour Jésus. Là, il faisait résonner une partie de mon histoire. Fred était fidèle à la hiérarchie religieuse. Pour ma part, je décrétais que celle-ci n'avait rien compris au message de son fondateur.

Fred et moi sommes allés à l'essentiel de nos vies, sans ambages ni tergiversations. Nous nous sommes rencontrés peut-être quinze fois pendant notre temps de stage. Nos discussions étaient passionnées et ancrées le plus souvent dans nos réalités immédiates. Un souvenir en particulier reste gravé dans ma mémoire.

Décembre 1996.

Fred m'a emmené sur la Montagne Coupée à Saint-Jean-de-Matha. Plusieurs fois, il m'a demandé de venir le rejoindre à Joliette pour que nous allions ensemble dans ce petit coin de paradis. Au-delà des sentiers, il a découvert un endroit qui donne sur toute la vallée. Tranquille, paisible, c'est l'endroit où il trouve l'inspiration pour écrire à ses amis, pour écrire son journal de bord. Fin du stage, il m'appelle pour que nous retournions à nouveau à son endroit fétiche à la Montagne Coupée. Il m'explique qu'avec l'aide d'un monsieur âgé à la retraite, ancien menuisier, il a fait une grande croix d'environ deux mètres, avec un grand cœur rouge au croisement des bras. Il veut absolument que nous partagions un dernier moment ensemble à cet endroit avant notre retour en France. Nous y sommes. Pour rejoindre son petit coin de paradis, nous devons marcher dans la neige en dehors des sentiers, toute une aventure sans raquettes ! On a vécu ensemble et chacun de notre côté des moments inoubliables pendant notre stage au Québec. On est comme des gamins qui n'arrêtent pas de s'émerveiller de notre chance ! On reparle de la force et à la fois de la fragilité de l'Amour dans tout ce que nous vivons. On oublie le froid ! Avant de repartir, on se tourne vers la croix. On fait une prière de remerciement à la vie, puis je propose à Fred de prier avec moi en souvenir de ma mère. On repart, on est heureux. Il y a des moments comme cela où je me sens choisi par la vie.

Les derniers instants avec Fred

De retour en France. Fin décembre, il me téléphone. Il veut m'inviter chez lui près de Chinon –il habite chez sa mère les fins de semaine– avec quelques amis pour faire un week-end de fête en souvenir de notre stage au Québec. Nous convenons que le meilleur moment sera les samedi et dimanche précédant ma semaine de cours à Tours, en l'occurrence les 13 et 14 janvier 1997.

On se retrouve à six chez sa mère. Fred nous propose de nous emmener à Chinon pour visiter un château. Claude, sa mère, reste chez elle. Après la visite puis la promenade dans la ville, nous allons prendre un apéro dans un bar : un bon vin rouge de Chinon, bien sûr. Là, nous discutons de choses et d'autres et Fred nous entraîne sur la question de la mort. Je me souviens de cette phrase qu'il nous a dites et qui sera auréolée de mystère quelques jours après : « Moi, je pourrais mourir maintenant à vingt-cinq ans, je ne regretterais rien. » Rien de solennel dans ses propos, il nous dit cela le sourire aux lèvres et avec bonhomie. On rigole tous en disant que, pour notre part, on n'est pas pressés et qu'on préfère pour l'instant recommander un deuxième verre de vin pour trinquer tous ensemble à la vie !

Nous retournons chez Fred et sa mère. Chacun a pris soin de développer ses photos du Québec. Les histoires fusent de tous les côtés. Le vin goulayant à souhait, la parole est alerte, le verbe haut et parfois coloré. On est dans un état second, comme dans une petite bulle pétillante de bonheur intemporelle. On chante quelques chansons québécoises, Desjardins est mon favori. On ripaille, on fait bombance... la douce ivresse... un vrai hymne à la vie !

Le lendemain matin, je me réveille avec la gueule de bois vers onze heures trente. Fred et sa mère ne sont pas là, ils sont à la messe. Nous, les quatre amis restés chez lui, nous prenons contact avec cette nouvelle journée par la douceur de l'eau qui vient rafraîchir nos corps lents d'avoir quelque peu abusé de l'alcool. On mange tranquillement le midi. Sans la maman de Fred, nous allons ensuite nous promener près de la maison de Rabelais. Je traîne la patte derrière avec Fred, les autres vont devant. On s'arrête cinq minutes devant la splendeur du coucher de soleil. Le ciel est chargé de nuages presque noirs. Il nous semble que chacun contient en son sein un orage tellement ils semblent lourds. Étrangement, ils sont éparses et laissent place au soleil couchant. Une fois de plus on s'émerveille : « Mais regarde cette beauté... d'où vient ce mystère ? Qu'y a-t-il derrière cette création majestueuse ? » On se tait et on contemple. Oui, voilà à cet instant le plus important que nous puissions faire : contempler.

On remonte dans ma voiture pour revenir chez la mére de Fred. On « casse une dernière petite croûte » avec de la bonne charcuterie du terroir avant de retourner à Tours. Dans la voiture, on est d'humeur joyeuse. On chante des chansons ringardes des années 80. C'est à celui qui trouvera la plus ridicule. Il y a comme une douce euphorie dans l'air. Tout le monde bouge comme il peut dans ma petite Corsa, qui a bien du mal à nous contenir tous les cinq ! Je m'arrête sur la petite route qui borde des coteaux de vignes. Fred et moi, on a commencé à chanter une chanson qui s'appelle : « Chacun fait c'qui lui plaît », du groupe Chagrin d'Amour. Un groupe qui a connu son heure de gloire avec ce titre et qui a disparu de la circulation aussi vite apparu. On descend tous les deux de la voiture et on danse sur la route de campagne comme deux gamins enivrés par le bonheur de vivre. Ça dure deux ou trois minutes, on remonte dans la voiture et on repart.

Dimanche soir minuit, on arrive à Tours. Nous déposons Fred près de sa chambre. Il loge chez des sœurs ou dans un séminaire, je ne sais plus. Il dit que c'est le plus bel endroit qu'il pouvait trouver, car il peut à toute heure du jour et de la nuit prier dans une petite chapelle. Il ajoute que c'est ce qu'il va faire avant d'aller se coucher.

Sa mort brutale

Lundi matin, nous avons cours dans le grand amphithéâtre de l'Institut. Je suis assis à côté de Fred dans le fond à gauche, encore quelque peu fatigué de notre fin de semaine bien arrosée. On suit le cours d'une oreille distraite. Il me dit : « Christophe, il faut absolument qu'on prenne le temps de discuter cette semaine. Tout est clair pour moi, je sais maintenant ce que je veux faire, ma décision est prise. Je veux absolument qu'on en parle. » Fred ne savait pas quelle direction donner à sa vie : devait-il s'engager comme prêtre ou non ? C'était sa grande question existentielle. Comme il est occupé ce lundi soir, je lui propose que nous discutions mardi ou mercredi soir.

Lundi soir minuit. La semaine où je suis en cours à Tours, je dors chez Mylaine et Laurence. Mylaine rentre de sa soirée avec Fred. Je lis. Elle vient me souhaiter bonne nuit avant d'aller se coucher. Fred l'a raccompagnée jusqu'au pas de la porte.

Nous lisons et nous nous endormons paisiblement, sans savoir que pendant ce temps, à quelques deux cents mètres de là, un drame se joue. Deux jeunes veulent racketer Fred, qui tente de s'enfuir. Ils lui tirent une balle dans le dos. Il était sur le plus beau pont piétonnier de Tours : le pont de Fil... si beau, tel un poème surplombant la Loire.

Mardi matin, neuf heures moins cinq minutes… Mylaine, Laurence et moi arrivons à l'ITS de Tours pour aller en cours. Le responsable de la filière « éducateur spécialisé » nous attend et nous demande de le suivre dans son bureau. Il est blanc comme un linge. Il nous dit : « Il est arrivé un drame, hier soir. Fred a reçu une balle dans le dos. Il est à l'hôpital, entre la vie et la mort. » Le choc pour tous.

Le téléphone sonne dans le bureau où nous sommes. C'est Claude, la maman de Fred. Elle demande à me parler. D'une voix qui me semble calme et sereine, elle m'explique qu'il n'y a plus aucun espoir. Si Fred vit, il sera gravement paralysé. Il a été en hypothermie, et son cerveau est gravement atteint. En fin de matinée, nous apprendrons que Fred est mort.

Fred est un bonheur qui ne se raconte pas, il se rencontre. Il avait le verbe ensoleillé. La présence pleine de… de quoi ? Comment dire tellement il était spécial ? Je crois qu'il réveillait en nous l'enfant s'émerveillant devant les beautés qu'offre la vie. Oui. C'était ça Fred. Le révélateur de ce qu'il y a de plus beau et de plus précieux en nous : l'enfant qui s'émerveille.

Le mercredi matin, je vais voir Fred. Claude m'accueille avec une amie. Nous sommes tous les trois autour de Fred. Je leur raconte quelques souvenirs du Québec. Je laisse couler une larme, un sourire, une question, un étonnement : comment un être humain peut-il contenir autant de force de vie en lui ? De son corps inerte, dur et froid, émane encore ce souffle de vie puissant. Après peut-être trente minutes, Claude me propose de me laisser seul avec Fred. Elle me dit avec une voix douce et tendre : « Tu veux peut-être avoir un temps seul avec lui ? » Oui... mille fois oui. Ce temps reste un instant fort de ma vie. J'étais là, dans cette pièce, dans cette vie... Il était là, je ne sais où et pourtant avec moi. Le corps d'un mort, c'est sacré. Fred était en transition. Ma présence ne se voulait que cela : l'accompagner dans cette transition, intimement, amoureusement, en lui témoignant dans cette heure de grande tristesse combien il était un soleil dans ma vie. Merci, Claude, d'avoir eu cette précieuse délicatesse. Avant de partir, elle me dit souhaiter que je lise le mot des étudiants, s'il y en a un, aux funérailles.

Mercredi après-midi, je suis à l'ITS avec tous les étudiants. Je dois transmettre différentes choses, et notamment le lieu et l'heure de la sépulture. Nous convenons que nous nous retrouverons, ceux qui le souhaitent, chez Laurence et Mylaine pour élaborer ensemble un témoignage pour notre ami Fred. Mercredi soir, nous sommes une vingtaine. Trop de choses à dire et beaucoup de larmes à pleurer. Nous nous réconfortons. Incapables d'écrire un mot à vingt, nous décidons d'écrire chacun quelques lignes sur une feuille. Plongeons en nous au milieu d'un silence de cathédrale. Le recueillement est de mise. Nous lisons les petits textes... magnifiques, touchants, beaux, pleins de vie. Un hymne à l'amour, un hymne à Fred, lui qui nous répétait souvent, comme si c'était un mantra dont il voulait nous imprégner dans le cœur : «Il n'y a que l'Amour ! » Incapable de faire un résumé de nos apologies, nous décidons que je lirais tout si c'est possible. Fin de soirée, Claude appelle. Elle m'explique que j'ai deux à trois minutes pour lire le texte à l'église. Puis, elle m'invite à retourner à l'hôpital le jeudi matin. Il y a une rencontre autour de Fred. Il y aura un ami d'enfance de Fred, spécialement revenu d'Argentine et Corinne une amie très proche de Fred. Il y aura bien sûr Françoise, la sœur de Fred, et Joël, son mari. Un ou deux autres amis dont je ne me souviens plus du nom. Claude veut partager un dernier instant près de Fred avec les amis qui étaient le plus proche de lui. Il ne manquera que le père de Fred, qui ne pourra venir.

La communication avec Claude terminée, je retourne auprès de mes amis. Je leur explique l'impossibilité de lire tous nos hommages à Fred, cela prendrait environ dix minutes. Spontanément, je leur fais cette proposition : « Les textes qu'on a écrits sont trop beaux, je ne peux pas imaginer qu'on n'en fasse rien. Je ne pourrai pas les lire à la sépulture, c'est sûr. Demain matin, je retourne voir Fred. Sa maman a invité quelques personnes très proches de lui. Ce sera vraiment des amis intimes de Fred et sa famille qui seront là. Si vous êtes d'accord, je vous propose de lire tout ce que nous avons écrit demain en cadeau pour Fred et pour eux. » Nous en discutons : que nos hommages soient lus près du corps de Fred est symboliquement le plus fort pour nous. Pour les obsèques, nous écrivons un court texte ensemble, où nous prenons quelques extraits de ce que nous avons déjà écrit.

Autour du sanctuaire de son corps

Jeudi matin. J'arrive à l'hôpital où repose dans une salle le corps de Fred. Nous sommes une petite dizaine autour de lui. Je fais la connaissance de quelques personnes dont Fred ou Claude m'avaient parlé. C'est étonnant comment l'intensité émotionnelle de la mort de notre ami nous fait nous sentir proches, comme si nous nous connaissions depuis toujours. Fred nous emmenait sur les traces de l'Amour par sa passion pour ce sujet et pour Jésus. C'est comme si ce jeudi matin, nous étions reliés par cet Amour, et que chacun de nous avait choisi spontanément de faire vibrer cette corde. J'ai proposé à Claude de lire les textes. Elle a accepté. Je ne peux trouver les mots pour décrire ce que j'ai vécu à ce moment.

Voilà, je suis là, près de la jambe droite de Fred… il y a beaucoup de sourires, d'approbation à ce que je lis, et ma lecture appelle d'autres souvenirs sur ce même thème du bonheur qu'il nous a donné. Autour de Fred, chacun apporte son écho, et une mélodie se laisse entendre : symphonie sur la résonance de nos cordes sensibles… oui, c'est cela. Nous sommes un orchestre. Nos présences forment les chœurs : toujours un assentiment, un « Ah ! oui, c'est vrai, je me rappelle… ». L'Amour appelle l'Amour. Un de ses derniers tours de magie : Fred est mort et pourtant, il brûle de présence. Il est le chef d'orchestre, et nous jouons sa composition, nous improvisons sur son thème favori. Avec lui, j'ai répété et joué les gammes de l'Amour. En quatre mois et demi : intensité, cocréation. C'est une garantie, une assurance contre l'enfouissement dans la tristesse : après Fred, comment ne pas sentir le bonheur de vivre ? Impossible ! On se sent, on se sait choisi par la vie : c'est cela que j'appellerais le miracle de Fred.

A la fin de notre rencontre, ce jeudi matin, tous me disent combien ils sont profondément touchés par ce que nous venons de vivre ensemble; combien ils sont émus de voir la trace de Fred aussi prégnante chez ses amis étudiants. Sans aucun doute, ils ont reconnu celui qu'ils aiment. Claude, sa maman, me serre très fort dans ses bras. Éphémère sentiment de plénitude.

Merci la vie de m'avoir fait rencontrer Fred. « Aujourd'hui encore, tu me manques parfois, mais ton absence est plus que ce manque : derrière le silence de ton départ, résonne la clarté si apaisante de ta présence incroyable. »

Dans l'intensité sans réserve que j'ai eu autour de la mort de Fred, il y avait, dans l'inspiration de chaque instant, silencieuse, la présence que je n'ai pu avoir à la mort de ma mère. Je l'ai compris plus tard. Saut quantique. Renaissance incarnée.

Il s'est écoulé presque deux ans entre le jour où j'ai commencé à consulter un thérapeute et mon engagement comme accompagnateur auprès des personnes en fin de vie. Pendant ces deux années, la vie m'a fait cheminer plus que jamais sur mon rapport à la mort. Dans cette continuité, les deux rencontres qui suivent évoquent l'accompagnement de deux personnes en fin de vie, dans un service de soins palliatifs.

5. En-deçà de la mort : l'intelligence de la vie

5.1 Madame Clabelle

Je ne veux pas faire d'angélisme. Certaines fin de vie, où la personne semble rester dans le déni de sa mort jusqu'au dernier soupir, m'apparaissent particulièrement douloureuses. Pourtant, je peux témoigner que, à « bout de souffle », l'être humain peut parfois faire preuve d'une humanité extraordinaire, de ressources insoupçonnées. J'aime cette expression citée par la psychologue qui animait notre groupe de parole, affirmant qu'il est question de fin de vie, mais surtout « de faim de vie ».

« Être là »

Madame Clabelle est l'une des premières personnes que j'accompagne. Je me souviens des derniers pas qui me mènent à la porte de sa chambre. Je m'apprête à pénétrer dans un nouveau monde. Sacré. Une fébrilité se rappelle à moi et vibre dans mon ventre. Ces quelques secondes qui précèdent la rencontre avec une personne en fin de vie sont celles où je me sens le plus fragile dans l'accompagnement, particulièrement à la première visite. Je frappe. On me répond « entrez ». Madame Clabelle est assise. Elle m'attend. Elle a installé une chaise en face d'elle. Elle semble avoir préparé notre rencontre avec un grand soin. Elle m'invite à m'asseoir. Elle m'accueille avec un sourire. Généreuse. Elle est vêtue d'une robe à fleurs de couleur claire. Je remarque qu'elle s'est maquillée. Coquette. Ce premier contact est agréable. Madame Clabelle doit avoir soixante ou soixante cinq ans, je ne sais trop. J'ai toujours été nul pour donner un âge. Je n'y arrive pas. Moi-même, je ne me sens pas d'âge. Peut-être penserais-je autrement le jour où j'aurai quatre-vingts ans, si je me rends aussi loin !

Nous nous présentons mutuellement. Rapidement, elle me parle de son travail. Elle adorait son métier. Elle était secrétaire de direction... je perçois une pointe de fierté lorsqu'elle dit « de direction ». Elle évoque multiples anecdotes. Elle est expressive, vivante. Très vivante. Après peut-être quarante-cinq minutes de monologue, elle conclut : « Maintenant je suis à la retraite et j'ai le cancer. » Je me souviens cette dernière phrase. Je fais écho : « Vous me dites que vous avez le cancer... » Elle enchaîne : « Oui... c'est triste. » Un long silence suit ses derniers mots. Tout semble calme. Nous en restons là pour notre première rencontre. Après s'être dit "au revoir", elle me demande de revenir la semaine prochaine.

« Écouter »

J'arrive devant cette porte. Toujours cette même fragilité en moi. Cette vulnérabilité me rassure. Elle est la bienvenue. Elle me connecte au caractère précieux de la rencontre.

Dans un désir identique à celui de la semaine dernière, les deux chaises sont disposées de la même façon, au même endroit. Madame Clabelle, par contre, a perdu l'allure sereine qu'elle affichait à notre première rencontre. Rapidement, elle se perd dans un flot de paroles, en apparence parfois incohérente. Apparence qui met à jour une grande blessure, elle, très explicite : celle-ci porte de multiples regrets ancrés dans des relations souvent conflictuelles avec ses enfants. Complainte de son amour pour ses proches, trop longtemps resté tapi à l'ombre de son cœur. À la lumière de ses regrets, elle me fait le récit de son histoire. Ses mots épousent différentes formes. Tantôt de la colère envers un fils ou contre elle ; tantôt de la tendresse, de l'amour, de la reconnaissance. Elle me parle de sa relation amoureuse. Une relation tumultueuse où passion et conflits intenses semblent se conjuguer. Elle vacille et parcourt une palette vertigineuse de sentiments, où sourires, rires et larmes se succèdent. Durant ce voyage étourdissant dans lequel elle m'entraîne, je prends soin de mettre ma ceinture de sécurité : je concentre toute mon attention sur mon écoute; je suis attentif aux paroles qui se présentent au rebord de ma bouche. En l'occurrence, elles ne justifient pas de briser ni son récit, ni mon écoute. D'ailleurs, madame Durand ne m'interpelle pas.

En prélude à chaque rencontre, je précise à la personne que nous avons un temps d'échange d'une heure maximum. Vers la fin, je préviens toujours qu'il ne reste plus que dix ou quinze minutes. C'est un moment clé, qui permet une conclusion, car là se racontent et se vivent les émotions les plus intenses. Comme si la proximité de mon départ, métaphore de la mort ? projetait le malade dans une urgence de se dire d'une autre façon.

Ce jour-là, lorsque je lui annonce que notre rencontre touche à sa fin, madame Clabelle s'accroche subitement avec force de ses deux mains à mon avant-bras. Dans un déluge de larmes, un cri du cœur, elle me répète plusieurs fois : « Je ne veux pas mourir Christophe… je ne veux pas mourir Christophe. » Mes membres inférieurs cherchent le contact du sol. Pour apaiser mon étourdissement, je me connecte à ma respiration. Au sens propre comme au sens figuré, je reprends pied. Pendant ces quelques secondes où je me recentre, madame Clabelle continue de pleurer. Je suis à nouveau pleinement avec elle, dans la pièce, quand elle ajoute : « Je sais que je vais bientôt mourir… je ne veux pas… » Je pose délicatement ma main droite sous sa main. Elle revient au calme. Elle me dit qu'elle est fatiguée. Elle s'allonge sur son lit. Je reste encore cinq minutes. Que dire ? Je l'assure de la fidélité de mon passage hebdomadaire. Nous continuons ensuite notre partage dans le silence, résonance du sensible. D'ailleurs, il n'y a que l'invisible qui semble pouvoir calmer la tempête. La caresse du silence susurrée par une présence qui se veut bienveillante. Je ne peux faire plus, je ne peux faire moins : un partage, pas une aide. Nous le savons tous les deux, elle va bientôt mourir.

Elle s'est assoupie. Discrètement, je lui dis au revoir.

Prier et partir

Une infirmière de service me prévient que madame Clabelle s'est affaiblie depuis deux jours. Je frappe à sa porte. Elle ne répond pas. J'ouvre doucement, elle est allongée. Son regard m'invite à entrer. Je prends la chaise qui est au bout du lit et l'approche au plus près d'elle. Dans un effort où elle semble rassembler toutes ses énergies, madame Clabelle me demande si je veux bien lui tenir le combiné du téléphone et faire un numéro qu'elle me dicte. Elle appelle l'homme qu'elle aime. Elle parle très lentement. Ses mots ne sont pas toujours compréhensibles. Je suis le témoin de ce qui ressemble à un adieu. Madame Clabelle ne peut tenir le combiné. Alors, je reste. Elle me fait signe pour me faire comprendre que la conversation est terminée, et me demande de parler à la personne. Je me présente au monsieur. Je lui demande s'il souhaite parler à une personne du service. Il me répond qu'il l'a fait, qu'il sait que madame Clabelle va mourir. Il me dit au revoir, me remercie et raccroche.

Madame Clabelle a les yeux fermés. Ses bras sont allongés le long de son corps. Elle semble calme. Je glisse une main en-dessous de la sienne, ainsi il lui sera plus facile d'enlever la sienne si elle ne souhaite pas ce contact physique. Toute la pièce est silencieuse. Sa respiration est de plus en plus calme. Elle semble apaisée. Je médite et laisse infuser en moi la prière de saint François d'Assise, que j'aime beaucoup.

Je suis en présence du mystère de la mort.

Je ne peux rien faire, mais peut-être est-ce bien que je sois là ?

Une heure est passée. Madame Clabelle a toujours les yeux fermés. Doucement, je lui dis que je vais enlever ma main et que je vais partir. Je lui dis au revoir. Elle ouvre les yeux. Elle me fait un sourire. Elle me regarde intensément, longuement. Je plonge mes yeux dans son regard. Inoubliable.

Je sors de la chambre. Une larme coule sur ma joue. Je ne reverrai plus madame Clabelle, je le sais, je le sens.

La semaine suivante, j'apprends qu'elle est morte la nuit qui a suivi ma dernière visite.

5.2. Monsieur Leroux : « Quand tout reste à faire. »

Il y a quelques mois, Monsieur Leroux est foudroyé par un accident vasculaire cardiaque. Il a environ cinquante ans. Il est marié, il a des enfants. Il est atteint du syndrome d'enfermement, maladie qui avait affecté Dominique Bauby, auteur du très beau livre intitulé, « Le scaphandre et le papillon. » La seule communication possible chez monsieur Leroux passe par le mouvement des yeux et des paupières. Après une période de coma et un temps relativement rapide, un peu plus d'un an, il ne peut plus parler, il ne peut plus bouger d'un iota. Mais ses facultés intellectuelles restent intactes.

Pendant un an et demi, il est suivi dans un établissement ayant des moyens importants pour la rééducation. De cette façon, même si, inexorablement, la maladie prive monsieur Leroux de tout mouvement, les différentes activités de stimulation lui offrent la possibilité d'un lien avec d'autres personnes. Ces relations et activités structurent son temps.

Puis, vient le temps où monsieur Leroux arrive dans un service de l'hôpital où j'interviens comme bénévole. Ne pouvant plus bouger, sans espoir du moindre progrès, il n'avait plus sa place dans l'établissement qu'il a quitté. La société le pousse encore plus loin dans son irréelle souffrance, pour une question de ressources et d'argent, le coût de séjour d'un centre de rééducation est trop élevé. Monsieur Leroux doit se réadapter à un nouveau contexte de vie. Nouvelles relations à établir avec un mince filet de lumière comme seul moyen de communication : le mouvement de ses yeux et de ses paupières. On ne peut imaginer l'effort et l'énergie que cela lui demande. Enfin, ce nouveau lieu qui l'accueille est à une heure de route de sa famille, ce qui rend les visites quotidiennes beaucoup plus difficiles.

Les personnes intervenant autour de monsieur Leroux sont démunies. Le service n'offre pas toutes les possibilités du centre de rééducation. Le personnel soignant est très occupé et ne peut lui accorder que peu de temps. Monsieur Leroux et sa femme sont confrontés à un grand vide. Celle-ci fait une demande au médecin responsable du service pour « occuper » le temps de son mari. Celui-ci sollicite alors le service de soins palliatifs pour que les bénévoles puissent le rencontrer. Nous sommes deux bénévoles. Je le rencontre donc à la demande de sa femme et du service où il est hospitalisé. Au début, nos rencontres durent vingt minutes, pas plus. De multiples questions se posent à moi, notamment s'il désire rencontrer quelqu'un qu'il ne connaît pas ? Il est parfois difficile de dire à quelqu'un : « Non, je ne souhaite pas vous rencontrer ». J'imagine que, dans sa situation, cette difficulté est amplifiée. La question de son désir se pose à moi continuellement... désir de survivre, pour qui ? pourquoi ? désir de mourir ?

Aujourd'hui, c'est la troisième ou la quatrième fois que je rencontre monsieur Leroux. Avant d'entrer dans sa chambre, je suis fébrile, moite, j'ai chaud et j'ai peur. Il est allongé sur son lit, la tête légèrement relevée. Pour communiquer, je lui pose des questions auxquelles il répond « oui » ou « non » par un clignement des yeux. Une vague d'absurdité déferle sur moi et me pousse à aller au-delà de mes peurs. Je lui dis : « Votre souffrance me touche profondément. Je ne peux m'empêcher d'imaginer les émotions et sentiments que cela peut faire naître, d'imaginer ce que je ressentirais si j'étais paralysé comme vous. Voulez-vous que je vous en parle ? » De l'intérieur de son scaphandre, il me répond oui. Je parle... il pleure... j'essuie ses larmes. Il veut que je continue. Je continue... je pleure... j'essuie mes larmes... on s'accompagne. Le temps d'un instant, une heure, j'embarque dans ce voyage à deux...

Il pleure d'un son silencieux qui résonne plus fort qu'une armée de tambourin... un cri sourd, et puis, tout se calme. Je sens sa main bouger sous la mienne, d'un mouvement à peine perceptible.

Je lui donne mes mots, il me donne ses regards si profonds... nous vivons ensemble la parole du silence, si belle, si tendre, parfois si enveloppante. À chaque rencontre, toutes les dix minutes environ, je lui propose d'arrêter ou de continuer. Après ce jour, je l'ai revu quelques fois. Il souhaitera à chaque fois que j'évoque quelques minutes ce que j'imagine de la souffrance qu'il porte.

Monsieur Leroux et d'autres personnes, incluant parfois leurs familles, m'ont accordé leur confiance en partageant parfois l'intimité de leurs souffrances, mais aussi en me racontant des perles d'or de leur vie. Ils m'ont enseigné certaines profondeurs de la vie, de l'être humain. La question de la mort, sa proximité, peuvent nous entraîner au cœur de la vie, dans ses souffrances et ses déchirures, mais aussi dans ce qu'elle a de ressourçant, de plus beau. Le temps de l'accompagnement devenant parfois intemporel, car habité d'une densité et d'une intensité rares.

Qui a accompagné qui ? Je ne le sais pas, peu importe. Et je dirai que la réciprocité est évidente... J'ai reçu, peut-être donné... ils ont donné, peut-être reçu.

Au-delà de tout, ils m'ont enseigné une dimension essentielle de la relation : quand on croit qu' il n'y a plus rien à faire, tout reste à faire si on donne à l'autre la possibilité de se définir.

La mort et la vie ont ainsi dialogué avec intimité et intensité pendant quelques années de ma vie. Considérant certains événements de ma vie personnelle que j'ai relatés au sujet de la mort –contenant en soi beaucoup de pulsions de vie– on comprendra combien ma vie personnelle était intimement reliée à mon engagement et qu'elle l'influençait pendant ses deux ans dans un service de soins palliatifs.

Chapitre 6

RESONANCE ENTRE AMOUR ET MORT

1. De la mort de ma mère, à ma difficulté d'aimer.

Huit ans après le décès de ma mère, j'ai vécu une relation amoureuse passionnelle et en partie destructrice. Elle a duré deux années. Le dénouement fut très douloureux pour moi. Ne supportant cette douleur, j'ai fait une tentative de suicide en prenant des médicaments et en buvant une bouteille de vin rouge ; les tentatives de suicide ratées - donc réussies ! - sont selon moi un énorme cri d'appel à l'aide. J'étais dans un mouvement paradoxal : je tentais maladroitement de me différencier, essayant de m'extirper d'une histoire d'amour aliénante ; en même temps, je ne pouvais le supporter et je téléphonais à la femme que j'aimais pour lui dire : regarde ce que je fais... je ne peux pas vivre sans toi, il faut que nous restions ensemble !

Lors de mon passage à l'acte, un ami m'a emmené à l'hôpital à la fin de l'après-midi de cette triste journée. Ce fut certes un acte violent que je posais, mais ce fut pour moi le début de la renaissance. Je rencontrais un psychiatre dès le matin de mon hospitalisation, qui dura à peine vingt-quatre heures.

J'ai choisi dans une association tout à fait libre de raconter cet épisode de ma vie et d'évoquer ma relation amoureuse avec Laure, avant de poursuivre avec quelques rencontres concernant mon travail auprès des jeunes en santé mentale. Il est important de garder à l'esprit les antécédents psychiatriques présents dans ma famille, concernant ma grand-mère maternelle et ma mère.

Nous nous rappellerons enfin que, quelques jours après ma sortie de l'hôpital, je suis allé en thérapie brève chez le docteur Durand.

1.1 Une nuit à l'hôpital : enfin l'espoir !

Mars 1996. Le petit matin au réveil, j'étais plus conscient. Je me souviens qu'une infirmière m'a proposé de rencontrer un psychiatre. J'ai accepté. J'ai attendu peut-être une heure avant qu'il n'arrive. J'essayais de remettre de l'ordre dans mes idées. Je sentais que je reprenais ma vie en main : je voulais comprendre, je ne voulais plus fuir. C'est l'état d'esprit dans lequel j'étais lorsque le psychiatre est entré dans ma chambre. Était-ce le choc de mon passage à l'acte qui avait entrouvert une porte pour que me touche un peu de lumière, faisant passer de l'inconscient au conscient, de l'invisible au visible, un début de lucidité sur le chaos qui m'avait envahi deux jours plus tôt ? C'est bien du chaos que commença à jaillir l'explication, donc le début de la solution. Tutoyer la mort, en l'occurrence la mienne, fut le début d'une nouvelle projection dans la vie.

Le psychiatre était de taille moyenne. Les cheveux mi-longs, légèrement hirsutes, tombant sur l'inamovible blouse blanche froide du personnel soignant des hôpitaux. Pourtant, il dégageait une certaine chaleur. Rapidement, je lui ai parlé de ma mère. Mon passage à l'acte était clair et limpide. Il devenait un acte de passage, pour paraphraser Jacques Loubet (2000, p.23), dans « Le savoir-faire éducatif ». Il me renvoyait au deuil « bloqué » du décès de maman. J'avais fait le lien entre sa mort et le fait que je ne pouvais imaginer me séparer de Laure. C'était là que je devrais aller investiguer pour remonter la pente... la montagne était devant moi, mais je me sentais prêt à la gravir. Je pouvais avoir peur de ne pas me rendre au sommet, je n'étais plus cependant submergé par l'angoisse d'une souffrance étouffante. Au moins, je savais où était la montagne ! Elle m'indiquait la direction à prendre. C'était aussi cela que je vivais : le passage de l'angoisse à la peur. Un vrai réconfort. Une pause heureuse et un nouvel horizon s'offraient à moi. Je pressentais que je pourrais m'affranchir d'une partie aliénante de ma vie.

Depuis mon réveil ce matin-là à l'hôpital, je sentais comme une délivrance. Certes j'étais fragile, mais tout prenait un sens. Une nouvelle lumière éclairait ma relation avec Laure. Elle m'indiquait le chemin à suivre pour sortir de la passion amoureuse violente et douloureuse que j'avais vécue. Je sortais de la pièce sombre de l'absurde, pour entrevoir un filet de lumière qui soufflait sur une braise : le désir de vivre renaissait. Je sentais que sur la scène de l'amour, nous avions rejoué les souffrances de nos vies, me faisant miroiter le désir de mort. Nous courions après autre chose que l'amour, à bout de souffle dès les premières foulées... ou plus exactement, ce quelque chose nous courait après, nous happait. Inlassablement, nous trébuchions. Au point que j'ai eu envie de ne plus me relever. Je ne peux expliquer pourquoi j'ai fait ce lien si rapidement, si subitement. L'urgence de renaître ? Je me sentais triste, mais moins souffrant. Une brise rafraîchissante m'apaisait.

1.2 « Choisie pour traverser mon obscurité »

Laure et moi étions deux êtres blessés, fragiles. Paradoxalement, je crois aujourd'hui que notre rencontre a été une chance. Nos deux cœurs meurtris ont plongé ensemble dans une douleur qui est devenue exponentielle. N'était-ce pas le passage obligé pour consommer une autre souffrance refoulée et l'extraire de mon cœur, de mon corps, pour enfin regagner la route de la vie plus sereinement ? Ce fut ma voie de passage. « Je l'avais parfaitement choisie et, sans elle, jamais je n'eus traversé ma propre obscurité. » Cette phrase, Grégoire Bouillier (2002) semble l'avoir écrite pour ma relation avec Laure.

Je me dis aujourd'hui que c'est peut-être cet événement intense de ma vie qui me fait croire plus que tout au potentiel créateur du chaos. Bien entendu, il est heureux qu'une tentative de suicide ou toute forme de violence retournée contre soi puissent être évitées si c'est possible. Mais quand ça arrive, il me semble fondamental de faire confiance a priori aux possibilités de changement présentes dans une situation chaotique, pour retrouver un peu de sérénité. L'événement dramatique est une étape qui nous fait parfois plonger. Modifier l'événement, le faire disparaître est impossible, mais après un certain temps, reconfigurer le sens du traumatisme est une possibilité. C'est là que nous activons nos processus de résilience.

Je pense que nos liens à la mort et à l'amour ont des résonances fortes, qu'ils dialoguent intimement quand nous sommes au cœur d'une séparation amoureuse. La mort n'est-elle pas l'ultime séparation, la plus angoissante pour l'être humain ? Derrière Laure se cachait la présence de ma mère... ou devrais-je plutôt écrire, paradoxalement, derrière Laure était cristallisée l'absence douloureuse de ma mère.

Josette Stanké (1999) illustre merveilleusement ce que j'ai vécu :

Heureusement, pourrait-on dire, l'intolérable des ruptures nous ramène là où nous ne revenons pas de notre plein gré, et c'est dommage ! Là où il pleure en dessous de la colère et du ressentiment. Où la peine s'exaspère et nous désespère. Où heureusement quelque résistance enfin lâche et quelque vulnérabilité enfin craque... Là où se répète la souffrance à travers laquelle l'autre d'avant, la primitive, peut arriver à être reconnue, considérée et enfin reçue.

Après ce passage de ma vie personnelle, nous faisons un saut de six ans. C'est en juin 2002 que j'ai commencé à travailler dans un centre de réadaptation en santé mentale au Québec, les Quatre Vents.

Là encore, tel que je l'ai fait pour mon travail auprès des adultes déficients intellectuels et pour mon engagement comme accompagnateur auprès des personnes en fin de vie, je n'élaborerais pas sur les raisons cachées qui m'ont amené à travailler auprès de ces personnes. Je laisse au lecteur le plaisir éventuel de tisser des liens et de faire ses hypothèses. Mon propos est de démontrer qu'il est fondamental de considérer la vie de l'intervenant dans toute sa globalité, en dépassant le clivage entre la vie personnelle et la vie professionnelle, pour que l'accompagnement devienne un lieu de transformation réciproque.

2. En dedans de la maladie mentale : l'intelligence de la relation.

2.1 Violette et sa famille

Violette a quinze ans. Elle est placée au centre depuis janvier 2002 avec un diagnostic de schizophrénie. Je deviens son éducateur accompagnateur à la fin juin. C'est un placement volontaire, provoqué par des périodes d'hallucinations auditives survenues il y a un an et demi. La situation a empiré pendant quelques mois au point que Violette ne puisse plus aller à l'école et que sa famille ne puisse la garder auprès d'elle.

Pendant l'été, nous nous verrons peu, car Violette a le projet d'une sortie en foyer ou d'un retour dans sa famille. Elle passe des périodes importantes en famille et elle part également deux semaines en vacances voir son père. J'ai eu des contacts réguliers avec la mère de Violette pendant l'été, et la nature de notre communication a ouvert sur un début de relation de confiance.

Le mardi 1er octobre, j'ai une discussion importante avec Violette au centre, qui se poursuit plus tard à trois avec sa maman au téléphone. Violette me dit qu'elle a le sentiment qu'il faut plaire à tous les éducateurs, qu'il faut tout le temps qu'elle fasse attention pour être correcte, qu'elle ne peut pas faire de fautes de parcours sinon on les lui reproche. Ma première réaction est la surprise, car elle a dernièrement retrouvé beaucoup de dynamisme, ce qui est apprécié par tous. Je lui explique que nous sommes des éducateurs, que ce n'est qu'un titre, et qu'avant tout nous sommes des êtres humains. Nous avons des limites, et elle a probablement raison quand elle me dit que nous sommes trop exigeants avec elle. Je continue en mentionnant que notre métier s'apprend tous les jours, et que les jeunes que nous accompagnons sont les premiers concernés par nos interventions. Par conséquent, ce sont les mieux placés pour nous questionner sur la nature de notre pratique. En ce sens, je lui dis que je serais content qu'elle m'aide : elle me signifierait quand elle pense que je suis trop exigeant avec elle. Elle acquiesce, et nous enchaînons sur un autre sujet.

Nous parlons de la « fête famille » qui aura lieu le dimanche suivant, et je lui demande si elle et sa famille viendront. Elle me répond qu'elle n'a pas envie de venir. Plus tard dans la soirée, elle téléphone à sa mère en ma présence. Elle m'envoie des messages en disant notamment à sa mère que nous l'obligeons à venir à cette fête. Je demande à Violette qu'elle me passe sa mère quand elle aura fini de lui parler. Je lui explique que je ne pouvais pas faire comme si je n'entendais pas les messages de sa fille. Je rectifie le message de Violette en précisant que nous serions très contents qu'ils viennent à la fête, mais qu'ils ont bien sûr la liberté de ne pas venir. Nous dépassons rapidement le contenu de cet épisode. La maman me confie sa difficulté à faire confiance au Centre depuis le début du placement de sa fille. En même temps, elle prend soin de ne pas me froisser en me disant que, selon elle, tout le monde fait de son mieux. Elle revient sur la "fête famille" en me donnant la clé de la distance qu'elle préserve entre elle et nous : « si tout va bien dans la famille, il n'y a pas besoin de venir ; et tout va bien dans notre famille, les difficultés de Violette c'est une maladie. J'ai donc pas besoin de venir au Centre. » Venir au Centre ou accepter une rencontre avec moi, c'est donc une équation qui signifie qu'elle a besoin d'aide, voire qu'elle est incompétente. J'avais déjà proposé à la mère de Violette que nous nous rencontrions. Je comprenais ce jour ses résistances et celles de sa fille. Plus que jamais, j'insistais pour lui dire que j'avais besoin d'elle pour mieux accompagner sa fille. J'ajoutais que nous ne pourrions pas faire beaucoup plus que ce que nous avions réalisé si elle ne m'aidait pas. Par ailleurs, je précisais que j'aimerais aussi me présenter plus longuement à elle et aux frères de sa fille. La mère de Violette m'a alors proposé une rencontre à son domicile.

Le lundi suivant, le 7 octobre, je prends le temps d'une promenade avec Violette et je lui demande ce dont elle est le plus fière durant la semaine précédente. Elle réfléchit et me dit : « Je me suis sentie libre, je me suis sentie bien toute la semaine. » J'émets l'hypothèse que l'entretien téléphonique du mardi précédent avec sa maman, auquel elle a assisté, a désamorcé un conflit de loyauté, position dans laquelle Violette se trouvait probablement « coincée. »

Depuis le début de l'accompagnement de Violette, ma question n'a jamais été de me dire « Violette est-elle schizophrène ou non ? », mais de tenter de comprendre en quoi son symptôme était utile pour l'équilibre familial. Qu'est-ce que Violette posait comme questions à travers ses comportements symptomatiques ? J'émettais l'hypothèse qu'elle protégeait inconsciemment sa mère en ce sens qu'elle lui permettait d'être dans une position de mère aidant sa fille en s'impliquant dans des rencontres d'une association de soutien aux personnes schizophrènes, ce que la mère faisait avec une bienveillance et un engagement certains.

La personne derrière l'intervenant

Le dimanche 13 octobre, je vais dans la famille de Violette. Sont présents sa maman et ses trois frères. Je constate au début que les uns et les autres sont plutôt timides. J'essaie de rejoindre chacun des membres de la famille en prêtant tout d'abord une attention particulière aux trois frères. Il est important pour moi de manifester une empathie pour tous les membres de la famille en essayant de les rejoindre simplement dans l'un ou l'autre de leurs intérêts. Boszormenyi-Nagy (citée par Magda Heireman, 1989) évoque les effets de l'empathie, dans son chapitre sur la partialité multidirectionnelle, qui consiste à porter attention à chaque membre de la famille, en ces termes : « L'empathie n'est pas considérée comme thérapeutique en soi, mais elle aide à instaurer une considération réciproque entre les membres. » (*Du côté de chez soi*, p. 78).

Nous prenons place pour le repas et la discussion commence tranquillement en parlant de Violette au Centre : ce qui va bien, ses projets, etc. Tout ce qu'il y a de plus classique en somme, et que tout le monde sait déjà. Puis, subitement, je me sens corporellement inconfortable. Je fais alors un virage radical pour réorienter notre rencontre. Je m'excuse de changer le cours de notre conversation, en précisant que j'étais venu pour me présenter et que je ne l'avais pas encore fait. J'explique d'où je viens, quelles sont mes origines sociales ; je fais état de mon parcours professionnel et je finis en énonçant une valeur qui me tient à cœur et que j'essaie d'incarner dans mon travail : en l'occurrence m'appuyer sur l'aide des familles et affirmer que, pour moi, nous apprenons tous ensemble. Ma présentation est courte, mais son effet est immédiat et provoque une réaction de symétrie. Effectivement, pendant l'heure qui suit, la mère de Violette déroule des moments très importants de sa vie, tant dans les liens de qualité qu'elle a tissés dans sa famille que dans des blessures importantes reliées à des événements traumatisants. Je suis impressionné par la qualité de présence et d'écoute de ses enfants. Étonné aussi que cette femme « se tienne encore debout », malgré ce qu'elle a vécu. Mes interventions se limitent à faire des liens sur des ressources que je reconnais en Violette et que je retrouve chez sa mère. Je relève certaines compétences qui me touchent au fil des confidences de cette dame. J'ai constaté combien elle est une femme chaleureuse et sensible, ce qui est à l'inverse de l'image qu'elle renvoie de prime abord. Elle se raconte, en nommant clairement dans son histoire les raisons de sa timidité et de son malaise en présence de plusieurs personnes à la fois. En résumé, les images préconçues tombent, et nous partageons un bel instant de sincérité. Je conclus en disant combien notre rencontre m'aide à mieux comprendre Violette, ce qui est précieux pour mieux ajuster notre accompagnement. Violette et sa mère se disent très contentes de notre rencontre. Tous répondent positivement à ma proposition d'une autre rencontre, et la maman d'ajouter : « Ce serait dommage qu'une place en foyer soit proposée à ma fille maintenant que nous commençons nos rencontres. »

L'histoire derrière le symptôme

La deuxième rencontre a lieu un mois et demi après la première. Je remercie la mère de la confiance qu'elle m'a accordée et d'avoir ouvert ainsi le livre de son histoire. Elle m'explique qu'elle en était elle-même étonnée, puis elle revient sur des relations avec des membres de sa famille. Par souci de clarté pour moi, je lui demande si elle accepte que je fasse un génogramme de sa famille. Elle accepte. Je sollicite alors l'aide du frère cadet de Violette pour sa construction. Je propose à sa mère de l'aider lorsqu'il en aura besoin. Tous se prêtent au jeu, et nous faisons un nouveau voyage cette fois-ci sur trois générations, avec une extension importante à certains oncles et tantes. De multiples anecdotes et événements significatifs seront abordés. Je n'ai pas à intervenir si ce n'est pour éclaircir un lien de filiation.

À la fin de ce nouveau voyage dans la famille de Violette, je lui partage ainsi qu'à ses frères, combien je suis surpris de la force qui se dégage de leur mère. L'impression de notre première rencontre se confirme. C'est une femme qui a traversé des épreuves très difficiles et qui s'en est sortie avec beaucoup de courage. Avant de repartir, je remercie à nouveau toutes les personnes présentes pour la qualité de leur présence et de leur engagement. Je précise combien cela est précieux et m'aide dans mon travail. Je constate que Violette est l'enfant qui connaît le plus de détails sur l'histoire familiale, ce qui surprend sa mère. Celle-ci propose une hypothèse très pertinente sur la maladie de sa fille en expliquant : « Au fond, quand ma fille à des hallucinations, c'est peut-être parce qu'elle est hypersensible ». Elle suggérait un lien avec sa sensibilité à elle, qui avait vécu des événements traumatisants, violents. En résumé, elle faisait tout le travail de normalisation en proposant cette explication aux symptômes de sa fille, ouvrant ainsi pour la première fois la porte vers une éventuelle guérison.

Avant de passer à la troisième rencontre, il me semble important de préciser ce qui suit : lors d'une révision de dossier avec le conseiller clinique Pierre Asselin et le docteur Ausloos, je me rappelle avoir proposé quelques pistes pour la rencontre avec la famille, qui devait avoir lieu quelques jours après. Elles étaient influencées par des lectures sur la thérapie familiale systémique. Je me souviens alors de la remarque de Guy Ausloos, qui disait que le Centre avait fait le choix de ne pas proposer de thérapies aux familles, mais de les considérer comme des partenaires, des « éducateurs naturels » (Gendreau) dont nous, les éducateurs professionnels, avons besoin pour faire notre travail. Les rencontres familiales doivent favoriser un apprivoisement mutuel où les familles partagent ce qu'elles ont envie de dire, en toute simplicité. Pierre Asselin, présent à nos réunions d'équipes chaque semaine avait ajouté : « Le meilleur conseil que je puisse te donner, c'est d'aller rencontrer la famille sans vouloir rien changer chez eux. » Précisions salutaires s'il en fut dans l'accompagnement de Violette et dans les rencontres avec sa famille. C'est une position plus difficile à adopter qu'il n'y paraît à première vue, c'est un travail constant sur l'humilité.

Avec Violette et sa maman, ce fut un accompagnement particulièrement stimulant pour travailler ce que j'appelle « le deuil de vouloir aider », qui sonne comme un idéal bien sûr impossible à embrasser complètement. Cette posture éducative fut éprouvée dans l'accompagnement de Violette, elle et sa mère ne sollicitant pas d'aide pendant de longs mois. Nous avons passé à une véritable collaboration lorsque j'ai nommé clairement à Madame Flon que nous étions arrivés selon moi au maximum de ce que nous pouvions faire pour sa fille et que nous n'irions pas plus loin sans sa collaboration. Dès notre première rencontre, Madame Flon a fait preuve d'une participation et d'un cheminement exceptionnels, étant pour moi d'une aide précieuse.

Avant notre troisième rencontre, je faisais le point sur le travail que nous avions réalisé ensemble. Assez rapidement, leur histoire familiale m'avait amené à émettre l'hypothèse suivante : la fonction de la maladie de Violette était de permettre une relation de complicité entre la mère et la fille, où la fille est vraiment à sa place de fille et la mère à sa place de mère. J'allais jusqu'à penser que si cette hypothèse comportait une part de vérité, la maladie de Violette aura été une chance pour que la complémentarité relationnelle s'active entre une fille et sa mère, à défaut d'avoir trouvé une solution plus satisfaisante.

La mère était celle qui la connaissait le mieux et il me paraissait aberrant de me passer de cette connaissance. Avant la troisième rencontre, il me semblait évident que Violette et sa mère accepteraient l'idée d'une guérison si et uniquement si Madame Flon en était « responsable ». Elle était la voie de passage incontournable. En outre, je devais être vigilant sur le fait de ne pas parler d'éventuelle guérison, mais plutôt d'une adaptation toujours meilleure à vivre avec la maladie. C'était un postulat incontournable pour respecter l'équilibre relationnel que permettait la maladie.

Je faisais donc la synthèse suivante :

— il fallait que j'aborde à nouveau le terrain proposé par Madame Flon sur la raison possible des hallucinations de Violette : une hypersensibilité qui la rendrait « débordée » émotivement. Sa mère était passée à travers des épreuves très exigeantes émotionnellement ; son témoignage à ce sujet fut éloquent. Par ailleurs, suivant le chemin tracé inconsciemment par sa mère à la suite de sa proposition, Violette m'avait fait la demande suivante : « Je voudrais apprendre à reconnaître mes émotions... je ne vais pas les nier toute ma vie. » Personne d'autre que sa mère ne pouvait mieux l'aider à ce sujet.

— « le levier de l'éventuelle guérison » appartenait à Madame Flon. De plus, elle était la mieux placée pour savoir intuitivement si leur relation pouvait envisager de « se passer » de la maladie.

La santé derrière la maladie

Je vais rencontrer Violette dans sa famille. Nous discutons de choses et d'autres lorsque j'arrive chez la mère de Violette. Je sens l'atmosphère très détendue, elles sont souriantes, et finissent de préparer le souper. Violette me dit qu'ils vont bientôt avoir un chien et me propose d'aller me le montrer sur Internet.

Nous revenons ensuite à la cuisine où se joignent à nous le frère aîné et le benjamin de la famille. Nous nous installons pour souper.

En introduction, je les remercie de leur présence, ils auraient pu choisir d'être avec des amis. Je reviens sur la qualité d'écoute de tous les membres de la famille, qui m'avait impressionné lors de nos précédentes rencontres. J'insiste pour les garçons, ajoutant qu'étant adolescent, je ne suis pas certain que j'aurais accepté d'assister à une rencontre avec un éducateur. Je précise que le troisième frère de Violette était cette fois absent parce qu'il travaillait. Je verbalise à la mère que j'ai été impressionné par son cheminement de vie découvert à nos deux premières rencontres. Je demande à chacun s'il souhaite revenir sur des sujets abordés dans nos deux précédentes rencontres ou ouvrir sur d'autres : la réponse est non.

Je m'adresse à la mère : « Vous m'avez raconté à nos deux dernières rencontres certaines épreuves très difficiles qui ont jalonné votre vie. À travers cela, vous avez vécu bien des émotions. Mais on a vu aussi toute la force que vous en avez tirée ».

Elle me coupe en ajoutant : « Oui... d'ailleurs, après la dernière rencontre où on a fait l'arbre généalogique, j'ai été pas mal bousculée pendant plusieurs jours. J'ai pleuré plusieurs fois en me disant « quelle famille avec autant de séparations et de problèmes. Il y a de quoi tomber malade. Mais je me suis ressaisie en me disant qu'il fallait que je reste debout et que je continue. »

Je poursuis : « Je trouve que c'est une chance que vous partagiez cela avec moi maintenant, car vous avez certes vécu des choses difficiles, et ça, personne ne pourra rien y changer... mais surtout ce que je vois, c'est cette force que vous avez eue pour tenir debout comme vous dites. D'après vous, où est-ce que vous avez été chercher cette force ? »

Elle me répond : « Je sais pas... je crois que c'est inné. »

Je continue ainsi : « Je suis témoin de la sensibilité que vous avez développée quand vous vous préoccupez de certaines jeunes du Centre qui sont des amies de Violette, cherchant comment elles pourraient être aidées. Je me dis que vous avez probablement beaucoup appris des épreuves que vous avez traversées. Je me souviens que vous m'aviez dit penser que les hallucinations de Violette étaient le résultat de son hyper-sensibilité. Vous aussi, vous m'avez dit que vous aviez une très grande sensibilité, et j'en ai été le témoin. Malgré cela, vous avez réussi à traverser votre vie jusqu'à aujourd'hui en assumant votre rôle de mère de famille monoparentale tout en travaillant. Violette m'a dit à la suite de notre dernière rencontre qu'elle voulait apprendre à reconnaître ses émotions, ne pouvant les nier toute sa vie. Je pense qu'avec votre chemin de vie, vous êtes la mieux placée pour l'aider à ce sujet, pour l'aider à continuer de s'adapter le mieux possible à sa maladie. »

Sa réaction est instantanée : « Ça m'embête d'entendre toujours ça « sa maladie »... Est-ce qu'on pourrait pas dire qu'elle peut guérir ? » me dit-elle sur un ton agacé.

Moi, très surpris de sa réponse : « Écoutez, je ne sais pas... n'étant pas pédopsychiatre, je n'ai pas les compétences pour le dire... c'est pas si simple... on prend des habitudes pour s'adapter à une maladie. C'est ce que Violette a dû faire depuis deux ans et demi... La maladie a une influence sur les relations, ça oblige à toute une adaptation ».

Pensive, elle m'explique : « C'est vrai, j'y pensais il n'y a pas longtemps. J'ai remarqué depuis qu'elle est malade qu'on a développé une complicité toutes les deux, qui se renforce toujours de plus en plus... Oui... des fois on est dans un magasin toutes les deux, on regarde quelque chose et on sait sans se parler qu'on veut l'acheter toutes les deux. »

Moi : « Je crois que vous avez une grande lucidité lorsque vous avez dit que vous aviez développé une plus grande complicité avec votre fille depuis qu'elle est malade. Je suis impressionné aussi de l'énergie que vous déployez pour l'accompagner dans sa maladie. C'est grâce à cette énergie qu'elle a déjà beaucoup progressé. »

Silence... je regarde Violette dans les yeux puis sa maman en prenant le soin de dire lentement ce qui suit : « Cette complicité avec ta maman Violette, elle est gagnée. Maintenant, je crois pouvoir dire que ça fait partie de votre relation et que ça vous appartient. Bravo ! à toutes les deux d'avoir su développer cette complicité pour affronter les épreuves de la maladie. »

Elles me regardent toutes les deux avec le sourire. Je dois préciser que de temps en temps j'interpellais les deux frères de Violette en leur disant que j'aurais bientôt besoin d'eux.

L'hypothèse de guérison qu'avait proposée leur mère ouvrait la voie royale pour que je pose la question suivante :

Moi : « Je vais maintenant vous poser une question et je demanderais à chacun d'y répondre l'un après l'autre en commençant par les garçons. Faisons un rêve fou : demain matin, on est samedi, vous vous levez, Violette est chez vous, car c'est la fin de semaine, et vous apprenez qu'elle est guérie. Qu'est-ce que cela vous fait d'apprendre cette nouvelle... c'est un rêve, je le précise... qu'est-ce que cela change pour vous ? »

Violette parle avant que son frère aîné ne réponde et me dit : « Pourquoi tu parles de rêve ? C'est pas l'fun à entendre... moi j'espère que je vais guérir ».

Chacun des frères a exprimé avec leurs mots combien ils seraient heureux pour leur sœur.

Puis je m'adresse à la mère avec la même question.

Elle me répond avec assurance : « Ce serait un grand soulagement. Cela m'enlèverait un poids lourd des épaules. Ça me rassurerait car elle serait plus autonome, elle pourrait aller plus tard en appartement. Je serais moins inquiète pour elle. Pour les garçons, je ne m'inquiète pas, je sais qu'ils arriveront à se débrouiller dans la vie. Violette, je voudrais pas qu'on abuse d'elle. »

Moi : « Merci beaucoup... à toi Violette. Imagine ce rêve. Tu te réveilles demain, on est samedi matin, et tu apprends que tu es définitivement guérie. Qu'est-ce que cela change pour toi ? »

Violette : « Je ne sais pas... » il y a un temps de silence où elle cherche... « Ça changerait tout... »

Moi : « C'est vrai que, pour toi, ça aurait certainement une influence sur plein de choses de ta vie. Ce serait quoi d'après toi la différence la plus grande ? »

Violette : « Ça changerait surtout pour mon estime et ma confiance en moi, elles seraient meilleures ». Puis, elle évoque ce qu'une confiance retrouvée l'aiderait à faire.

Nous terminons là notre rencontre. Violette et sa mère se lèvent alors pour aller chercher le dessert... et quelle surprise, elles m'ont préparé un gâteau pour mon anniversaire ! Violette m'explique qu'elle a informé sa maman que mon anniversaire était la semaine dernière. Quelle délicate attention !

Peu de temps après notre dernière rencontre, Violette est partie vivre dans un foyer de groupe, près de sa famille, puis elle a réintégré le système scolaire régulier. Elle est ensuite retournée vivre chez sa mère. Un an et demi après, elle ne prend plus de médicaments et travaille dans un grand magasin de vente au détail, ayant notamment la responsabilité d'organiser les horaires des personnes travaillant à temps partiel. Elle a perdu plus de quarante livres qu'elle avait pris du fait des médicaments.

3. Une voie de passage négligée : quand les jeunes s'aident entre eux

Chloé est une jeune fille de dix-sept ans d'origine chinoise, arrivée au Centre il y a bientôt deux ans et demi. Elle se déplace le plus souvent en fauteuil roulant, car elle a les deux jambes coupées juste en dessous des genoux. À son arrivée, et ce, pendant plusieurs mois, elle faisait de multiples crises où elle s'automutilait. Il fallait la contrôler physiquement souvent pendant de longues heures, car elle mettait sa vie en danger.

Elle et Jacinthe, une autre jeune, ont une relation de plus en plus proche. Elles s'apprécient beaucoup. Souvent et secrètement, je me dis que nous avons avec ces deux filles un contexte particulier dont il nous faut tenir compte : toutes les deux ont une très mauvaise image de soi au point de retourner leur mal-être en automutilation. Et il leur est beaucoup plus facile de prendre soin des autres que d'elles-mêmes. J'ai par ailleurs la croyance dans le fait que l'aide que peuvent s'apporter les jeunes entre eux les touche différemment de celle que nous pouvons, nous éducateurs, leur fournir. Je sens vraiment chez Chloé et Jacinthe un effet miroir quant à leur façon de vivre leur souffrance : lorsqu'elles sont envahies émotionnellement, elles retournent toutes les deux celle-ci contre elles-mêmes et jamais contre les autres. À mon sens, cette ressemblance fait qu'elles se comprennent mutuellement mieux que quiconque, et que cela fait naître entre elles une puissante compassion naturelle. C'est pour « utiliser » cette richesse que je suis intervenu de la façon suivante, dans la situation que je vais maintenant présenter.

Chloé est de retour d'une hospitalisation. Elle arrive avec un transporteur bénévole qui vient avec sa voiture jusqu'à la porte de notre unité. Je vais l'accueillir et l'aider à sortir de la voiture, pour aller à son fauteuil roulant. Elle m'explique alors qu'elle est gênée de rentrer dans l'unité, car elle doit transporter avec elle un sac collecteur d'urine. Je dois discuter avec elle pendant cinq minutes avant qu'elle fasse un pas pour rentrer dans la salle.

Chloé a une place particulière à l'unité. Toutes les filles sont admiratives de son courage, moi aussi d'ailleurs. Malgré le fait qu'elle ait les jambes coupées en dessous des genoux, elle a fait preuve de dépassement incroyable. Avec ses prothèses, elle fait du ski alpin, du patin à glace, etc. Elle a une volonté hors du commun. Ce matin-là, Jacinthe m'a dit combien elle était heureuse que Chloé revienne au Centre. Elle m'exprime sa fébrilité, car elle ne sait pas comment l'accueillir. Je lui propose tout simplement de lui dire combien elle est contente de la revoir.

Chloé discute avec les unes et les autres dans la salle. Je constate que Jacinthe est en retrait. Elle observe discrètement Chloé. Puis, elle se lève pour aller aux toilettes. Nous avons découvert que c'était un endroit où elle se réfugiait parfois lorsqu'elle était envahie par un trop-plein d'émotions. Elle peut alors s'automutiler.

Je laisse passer une ou deux minutes, puis je vais frapper à la porte en lui demandant de sortir. Elle s'exécute. Je lui demande de me suivre dans une petite pièce près de la salle à manger. Je lui dis :

« Tu es contente de revoir Chloé... »

Elle : « Oui... j'avais hâte de la revoir... mais je ne sais pas comment lui dire... »

Moi : « Peut-être que tu pourrais tout simplement lui dire ce que tu viens de m'expliquer avec les mêmes mots, en lui disant : « J'avais hâte de te revoir, mais je savais pas comment te le dire... »

Elle : « Mais je suis bloquée... je suis pas capable d'aller la voir... »

Moi : « Peut-être que Chloé pourrait venir te voir... est-ce que tu serais d'accord que je lui demande de venir te rejoindre ? »

Elle : « Non, non... surtout ne vas pas la chercher. »

Moi : « On peut aussi prendre le temps et discuter de ce que tu ressens... moi aussi en tout cas, je suis très content de la revoir. Quand je suis allé l'aider à sortir de la voiture, j'ai vu qu'elle était mal à l'aise à cause de son sac d'urine, elle m'a dit aussi qu'elle était contente de revenir à l'unité... »

Jacinthe me coupe la parole pour me dire : « Quand j'ai vu qu'elle ne voulait pas rentrer dans la salle et qu'elle restait dehors, c'est là que je me suis sentie mal. Après, j'ai même pas été capable de la réconforter en allant la voir... »

Moi : « Regarde... je vais aller la chercher, je vais rester avec vous si tu veux... Tu vas pouvoir lui raconter tout cela, c'est la preuve que tu l'aimes, c'est un beau témoignage d'amitié que tu as à lui faire ! Je vais la chercher. »

Je me lève à ce moment-là, et en même temps, j'entends Jacinthe qui me dit : « Non, reste là... »

J'ouvre la porte de la pièce et je vois Chloé sur son fauteuil roulant, près d'une table, dans la salle à manger. Je m'accroupis devant elle et je lui demande :

« Est-ce que tu veux bien m'accompagner voir Jacinthe qui est dans le petit salon ? Elle avait hâte de te revoir et elle est tellement contente qu'elle ne sait pas comment te le dire ! »

Chloé : « Oui... »

Je pousse son fauteuil roulant. Nous entrons dans la petite salle. Jacinthe est assise sur un canapé à gauche. Elle a le visage légèrement baissé. Chloé s'installe face à elle. Je prends une chaise pour m'asseoir juste à côté d'elles. Je parle lentement et je m'adresse aux deux filles : « Je sais que vous êtes proches l'une de l'autre et que vous vous appréciez beaucoup. Jacinthe, j'ai demandé à Chloé de venir, et elle est venue tout de suite... Je sais que tu es très émue de la revoir, et elle est très contente aussi de te revoir. Tout cela, ça fait beaucoup d'émotions... »

Pendant que je dis cela, Jacinthe commence à pleurer. Chloé qui habituellement est très pudique sur ses sentiments envers les autres, spontanément, prend la main de Jacinthe et la caresse tranquillement. Je suis étonné de la voir faire ce geste. Cela peut paraître banal, mais c'est la première fois que je la vois ainsi avoir une manifestation de tendresse aussi franche envers une autre personne. Elle vient soulager Jacinthe. Elle devient *le passeur des émotions* de son amie, pendant qu'en même temps quelques larmes coulent sur ses joues. Là, je prends conscience que je vis un moment sacré. Pour moi, Chloé se dépasse dans le sens où elle se laisse aller à partager de la tendresse sur un ton très juste. Pendant ce temps, les pleurs de Jacinthe s'intensifient, donnant l'impression d'une libération du cœur. Et moi, je contemple... mes yeux se mouillent, touché par la beauté de deux filles qui sont dans un lieu « sensible », alors qu'habituellement elles sont si intransigeantes envers elles-mêmes. Nous sommes dans une voie de passage où elles peuvent apprivoiser leurs émotions : le processus qui fait que l'une prend soin de l'autre. S'occuper de soi, c'est une montagne trop souvent infranchissable pour elles. Là, au contraire, je pense qu'elles "donnent", et que cela les met en contact avec un sentiment d'utilité.

Près de Jacinthe et de Chloé, j'ajoute : « Je pense que dans la vie, on n'a pas toujours besoin de mots pour exprimer ce qu'on a sur le cœur... pour moi, tes larmes, Jacinthe, c'est aussi un témoignage d'amour pour Chloé... et ta belle présence qui prend soin de Jacinthe, Chloé, c'est la même chose... je vous trouve tellement belles que j'en ai les larmes aux yeux d'émotion ! Si vous voulez bien, je vais vous laisser toutes les deux, vous avez peut-être des choses à vous dire... »

En disant cela, je regarde Chloé et je lui fais un signe de la tête pour vérifier son approbation. Elle me fait signe que oui. En sortant, je croise Katia, une autre jeune qui me demande, mi-paniquée mi-intriguée : « Qu'est-ce qui t'arrive Christophe, tu pleures ? »

Moi : « Tu vois Katia, des fois, je pleure parce que je suis triste et puis, d'autres fois, j'ai des larmes qui coulent tranquillement sur mes joues, parce que ce que je vois est tellement beau que ça me fait pleurer ! »

Cinq ou dix minutes plus tard, je vois Chloé sortir avec Jacinthe qui pousse son fauteuil. Elles discutent toutes les deux en riant... Avant de se coucher, Jacinthe profite d'un moment où je suis seul pour venir discuter un peu avec moi. Elle me dit : « J'étais émue avec Chloé... c'est incroyable comment ça m'a fait du bien quand elle a pris ma main. Elle m'a dit qu'elle était contente de me revoir, et qu'il fallait pas que je pleure. Puis après, elle m'a expliqué qu'elle était gênée à cause de son sac d'urine. Je lui ai dit qu'il fallait pas qu'elle s'en fasse pour ça, qu'on le voyait même pas, son sac. Je l'ai rassurée. Je suis fière de moi ! »

J'ai juste ajouté : « C'est super que tu aies pu la rassurer... je suis content pour toi et pour elle, vous êtes vraiment excellentes, les filles ! »

4. Un nouveau paradigme : lieu de solitude et de vulnérabilité

L'accompagnement de Jacinthe est très éprouvant émotionnellement pour tous. Elle a le visage recouvert de griffures qu'elle s'inflige presque toutes les nuits. Même si elles sont très superficielles, elles n'en sont pas moins impressionnantes. Certains vivent parfois cela comme une agression, moi y compris. Par ailleurs, elle connaît des périodes où elle mange peu, voire pas du tout. Nous nommons ces émotions en équipe. Nous avons décidé de suivre une stratégie qui consiste à ne pas mettre l'accent sur ses symptômes, en utilisant notamment l'approche paradoxale. Elle consiste par exemple à ne faire aucun cas du fait qu'elle ne mange pas, lui expliquant qu'une fois qu'elle aura atteint un poids inquiétant pour sa santé, nous serons obligés de la transférer à l'hôpital.

Je me souviens d'une réunion d'équipe un après-midi. Nous apprenons qu'une nouvelle décision vient d'être prise concernant Jacinthe : elle ne pourra pas aller à l'école tant qu'elle aura des marques au visage et qu'elle ne mangera pas un minimum. Je suis stupéfait. J'explique mon point de vue : le fait de l'empêcher d'aller à l'école à cause de son apparence touche pour moi la question d'une abusive exclusion, et je ne suis pas d'accord. J'exprime deux regrets. Le premier est le plus important : nous n'avons fait aucune analye du fait que nous avions des difficultés à tenir la première attitude éducative qui était convenue. J'explique que, pour moi, cela équivaut à une incapacité de notre part à prendre notre responsabilité.

Le sentiment de colère passé, c'est une émotion de tristesse qui m'habite. Et au-delà de la tristesse, la solitude ; personne d'autre dans l'équipe ne conteste cette décision.

Retour sur cet événement

Je ressentais un goût amer après cette réunion. La décision démontrait que nous attribuions à Jacinthe toute la responsabilité d'un possible changement. Une relation par définition se joue à plusieurs. La responsabilité de ses effets ne repose donc jamais sur une seule personne. Bien entendu, Jacinthe était la première responsable de ses actes. Mais elle passait beaucoup de temps avec nous. Il me semblait donc incontournable de se poser la question de notre possible part de responsabilité dans ses comportements. Quand bien même elle serait infime, elle méritait d'être examinée en profondeur.

Ce regard sur soi, sur sa pratique, que je nomme comme le socle de la réciprocité transformatrice, me semblait absent de notre démarche. C'était avant tout à cause de cela que je me sentais triste. La situation avec Jacinthe n'était pas facile, loin de là. Que certains ne puissent supporter ses passages à l'acte ne me dérangeait pas, si nous avions pu visiter les résonances qu'ils provoquaient. Verbaliser par exemple que nous étions parfois submergés par tant de souffrance et de détresse humaine exprimées, voire même dépassés, terriblement impuissants. Nous ne l'avons que trop peu fait selon moi.

Je sais qu'il y avait aussi une blessure très personnelle dans mon mécontentement. En ne prenant pas en considération ce qui est le plus important dans mon travail, je devais me sentir désavoué dans ce qui m'est le plus cher : le regard sur soi indispensable à un enrichissement mutuel entre accompagnateur et personne accompagnée.

Nous étions au cœur de questions éthiques. La douleur de Jacinthe, exprimée avec violence parce que retournée contre elle de façon spectaculaire, une souffrance tellement massive qu'elle tutoie inconsciemment, selon moi, la question de la mort, nous renvoyait à notre propre *finitude ;* notre sentiment d'impuissance nous confrontait à notre *solitude.*

Nous n'avons pu effectuer le travail qui consiste à prendre soin de ces lieux blessés, fragilisés. L'autorité devenait alors l'imparable sortie de secours… paradoxalement, une porte de sortie sans issue menant à un cul-de-sac. Une impasse qui je pense excluait alors, le chemin des possibles transformations réciproques. Ce qui me semblait de l'autorité excessive alimentait une part de ma déception ; pour d'autres qui avaient un point de vue différent, elle était nécessaire pour tenter de débloquer une situation complexe et difficile pour tous.

Prendre le temps de mettre ensemble en mots l'intolérable aurait aidé à faire diminuer l'intolérance à la situation. Apaiser la tension aurait aidé à libérer un espace créateur dans la relation avec Jacinthe. De plus, ce partage de nos limites aurait eu l'effet de pouvoir renforcer la complicité, la solidarité, la complémentarité dans l'équipe. Il est vrai cependant que nous avons tenté de le faire, mais trop tard selon moi, sur « le bout des lèvres ».

Pourquoi cela ne s'est-il pas fait à ce moment crucial ? La peur d'être jugé ? La peur de montrer son incompétence ? Je suis convaincu toutefois aujourd'hui que nous avons fait du mieux que nous pouvions.

Faisons maintenant un saut de deux années. Quelques mois après le récit de l'accompagnement de Jacinthe, j'ai été intervenant sur une autre unité. J'ai complété ma maîtrise en études des pratiques psycho-sociales. Je suis parti en congé parental et enfin, je suis revenu travaillé aux Quatre Vents comme conseiller clinique en avril 2005. Nous nous retrouvons donc avec Jacinthe, qui est toujours sur la même unité. Elle est à quelques jours de ses 18 ans, âge maximum pour pouvoir rester au centre ; l'idée d'une nouvelle étape dans sa vie, et surtout dans un ailleurs lui est insoutenable. Nous sommes à quelques jours de la date fatidique de son départ et la tension monte. L'équipe éducative apprend grâce à la découverte d'une correspondance écrite, qu'elle a élaboré un pacte de suicide très avancé avec une autre jeune. Elles ont réussi à collecter de la drogue et des médicaments pour « se geler » et ainsi braver la peur du passage à l'acte ultime. Le choix de leur méthode est la pendaison. Nous pouvons donc heureusement intervenir en situtation de crise, avant même l'état d'urgence. Je suis sollicité dans ce contexte, dans le rôle de conseiller clinique. Je me retrouve donc une fois de plus impliqué dans la situation de Jacinthe. Fait important, certaines personnes significatives avec qui j'avais des profonds différents deux ans plutôt sont toujours impliquées. Le recul que j'ai me permet de constater à quel point chacun avait, deux ans auparavant, fait ce qu'il croyait être le mieux pour Jacinthe. Fort de notre expérience commune et avec l'aide de notre consultant psychiatre Guy Ausloos, nous devenons alors créatifs en provoquant rapidement une rencontre avec Jacinthe et sa famille. Nous avons la complicité bienheureuse du psychiatre de la jeune qui se libère rapidement pour animer la rencontre. En nous inspirant d'un modèle proposé par Guy Ausloos dans son livre « La compétence des familles » (1995, chapitre 6), nous nous retrouvons pour « nommer l'innommable », en l'occurrence la perspective du suicide et donc de la mort de Jacinthe. Ce fut une co-intervention scindée, où le psychiatre était porteur des alternatives possibles pour la jeune et où je nommais l'innommable de la mort et de ses conséquences. Le chef d'unité faisait lien entre les différentes sphères d'existence de la jeune en élaborant un sens global à notre propos, s'appuyant notamment sur l'histoire des quatre années de placement de Jacinthe aux Quatre Vents. Presque toutes les personnes présentes ont expliqué à Jacinthe comment elles se sentiraient si elle allait au bout de son désir de suicide. Inutile de préciser que ce fut une rencontre intense et émouvante, notamment par les propos très touchant de sa grand-mère paternelle. Plus la rencontre avançait et plus il nous apparaissait impossible de ramener la jeune au centre. D'une intelligence et d'une lucidité étonnante dans ce contexte, elle nous partageait ce message paradoxal : vous savez que depuis le suicide de mon amie Rose, je suis incapable de me séparer... c'est trop douloureux. Aidez-moi à le faire... mais par contre, je ne veux pas partir du Centre parce qu'il y a que là que je me sens bien !

Elle nous montrait donc le chemin sur lequel elle souhaitait qu'on la pousse mais où elle ne voulait surtout pas aller ! Son psychiatre lui a proposé une hospitalisation courte où elle pourrait faire tous les contacts qu'elle souhaiterait pour préparer sa sortie du centre. Si elle refusait, elle serait hospitalisée à l'unité des séjours longs. Elle avait jusqu'ici refuser tous les projets concernant son avenir après son placement au centre.

Les résultats de cette rencontre dépassèrent toutes nos espérances. Quelques jours après, elle sortait de l'hôpital et allait travailler dans un camp de vacances comme monitrice auprès de jeunes enfants. Quelques mois ont passé et elle travaille toujours pour la même association, dans une région touristique du Québec.

Au-delà du bonheur de voir Jacinthe voler de ses propres ailes, cet événement a été réparateur en ce sens qu'il a permis à des professionnels -excepté le psychiatre de la jeune- qui avait été en conflit autour d'un accompagnement douloureux, d'effectuer ensemble un dépassement. Pour ma part, j'ai pris conscience au détour d'une discussion sur cette situation, qu'il y avait une symétrie étonnante entre des événements en lien avec la mort vécu par Jacinthe et des événements de ma vie, sur ce même thème. Je savais dès le début que tous les deux avions été connectés de façon violente et traumatisante à la mort : pour Jacinthe ce fut le suicide par pendaison de son amie Rose ; pour moi ce fut la noyade de ma mère. Je découvrais que l'événement déclencheur qui a amené Jacinthe à dépasser son impossibilité à se séparer a été la découverte du pacte de suicide qu'elle avait élaboré avec une autre jeune ; pour moi, ce fut ma tentative de suicide. Deux lignes de vies parallèles qui se croisent, se séparent et se retrouvent pour un heureux dépassement. Deux histoires où la problématique de la mort est activée puis réactivée par des « événements chocs ». Une belle sortie dans les deux situations... et encore une fois, une interdépendance frappante entre la vie personnelle et professionnelle de l'intervenant.

La dissimulation à outrance de nos déséquilibres nous coupe d'une grande part de notre humanité. C'est aussi en ce lieu que s'exprime la réciprocité transformatrice. Nous l'avons vu dans cette recherche, ces zones « plus petites » sont appelées à grandir grâce à la présence de l'autre, que ce soit un collègue, un jeune que l'on accompagne ou les familles.

Je l'ai déjà écrit, j'ai la chance de travailler dans un centre qui s'appuie sur la compétence des jeunes et des familles, et qui a le souci d'incarner une approche individualisée. C'est un lieu créateur propice à l'émergence de la réciprocité transformatrice. Il reste que, généralement, les intervenants que nous sommes sont passés par le circuit traditionnel des formations, lequel ne favorise pas la réflexion et le cheminement nécessaires pour faire de la relation d'aide une relation d'être. Les réflexes éducatifs sont encore trop empreints, selon moi, d'autorité et de contrôle excessifs, mais pas assez de remise en question et d'introspection... et surtout, encore moins de réflexion sur l'apport de ceux que nous accompagnons dans notre croissance personnelle. Nous incarnons trop souvent la tendance culturelle à « la tradition éducative du sens unique » : nous savons ce qui sera bon pour toi, mais pas toi et surtout sans toi.

Après avoir revisité des passages de mon histoire personnelle et professionnelle dans cette deuxième partie, évoquant des moments significatifs de ma vie, je vais maintenant tenter de clarifier le concept de la réciprocité transformatrice. En filigrane de cette réflexion, nous reconnaîtrons ici et là l'influence des relations qui ont marqué mon existence. Les intuitions et réflexions vers lesquelles elles m'ont porté seront émaillées de l'éclairage de différents auteurs.

III.

APPRENDRE DE SON EXPERIENCE : DIMENSIONS ETHIQUES

Chapitre 7

DE LA RELATION RECIPROQUE.

Qui de nous deux
inventa l'autre ?

Paul Éluard

Un des objectifs de la recherche qui m'a amené à ce livre était de tenter d'extraire du savoir et du sens de ma pratique professionnelle ; devenir en quelque sorte un praticien-chercheur, à la fois acteur et auteur. J'ai interrogé mon expérience personnelle et professionnelle pour réfléchir à la question de la réciprocité transformatrice dans le contexte de la relation d'accompagnement. Cette troisième partie est plus théorique et tente de compléter la richesse subjective de mon expérience de vie sur le thème de la réciprocité transformatrice. Ce chapitre sept est relatif au concept plus général de la réciprocité transformatrice.

1. De la relation d'être comme espace transformateur

Je ne venais pas pour vous instruire, répondit Baba. (...) lorsque je retrouve ma religion dans celle des autres, je la trouve avec plus de force que dans la mienne. Car je suis habitué à ma religion et je m'y endors. Lorsque je découvre ma religion dans celle des autres, elle me réveille.

Jean Bédard

Notre condition humaine est telle que nous ne pouvons imaginer un seul instant vivre isolé toute une vie, sans jamais rencontrer l'Autre. Je prétends que même l'ermite au fond du bois, ou en haut de la montagne, emmène avec lui ses relations significatives et qu'elles vont influencer la palette des couleurs de sa solitude. En effet, exister, c'est toujours exister dans le monde et avec d'autres.

Depuis notre première respiration jusqu'à notre dernier souffle, nous traversons notre existence avec, comme premier tuteur de développement, des êtres humains jalonnant notre chemin. Ils participent à la définition de qui nous sommes. C'est ainsi que Labelle (1996) affirme :

Aucun des deux pôles de la relation ne peut sortir indemne de sa rencontre avec l'autre. Il faut bien voir que le mouvement interactif oblige à considérer autrui comme l'agent de ce qui se passe en soi, comme si l'un était dépossédé par l'autre de son propre pouvoir d'agir. (p. 17)

La réciprocité participe à l'élaboration de mon être. Comme le prétend Labelle (1996), la réciprocité active achève de nous promouvoir comme personnes autonomes (p. 182). En effet, la posture que j'adopte face à l'Autre trace le chemin où se déploie la substance de nos êtres respectifs. « Le “Tu” est source du “Je”, et inversement (Labelle 1996, p. 180). »

À la suite de Labelle (1996), Malherbe (1997) place la question de l'autonomie au centre de la réciprocité. D'après lui, le concept d'autopoïèse tente de mettre en relief la notion d'autonomisation réciproque des humains (p. 66). Il affirme que « c'est sur un tissu de réciprocité que chacun trace le dessin de son autonomie, le dessein de son existence » (p. 64). Il définit l'autopoïèse comme la création de soi par soi, ajoutant qu'elle « n'est pas enfermée sur soi puisqu'elle n'est possible que dans le dialogue. Je n'en viendrai jamais à pouvoir me façonner moi-même, si d'autres n'avaient pas commencé le travail et s'ils ne continuaient pas à me proposer les outils pour l'achever (p. 62). »

Quand on observe les processus d'accompagnement, on constate que la relation d'aide n'est pas linéaire. Les identités aidant-éducateur et aidé-accompagné dialoguent entre elles, et l'aide est reçue tantôt par l'un, tantôt par l'autre. Qui aide qui ? Bien aventureux, voire prétentieux ou aveugle, celui qui affirmerait que seule la personne socialement cantonnée dans la position de l'aidant peut aider. Évoquant une relation entre le maître et l'apprenti, Malherbe (1997) explique le phénomène en ces termes :

Le véritable maître est toujours en situation d'apprentissage par rapport à son apprenti. Il va même souligner auprès de son apprenti et de l'entourage la contribution que ce dernier apporte à sa propre maîtrise. C'est ainsi d'ailleurs que l'apprenti finit par devenir lui-même un maître. (p. 52)

Nous nous accorderons à dire que nous avons une responsabilité dans le devenir de l'autre. Nous sommes en influence réciproque. Je m'appuie aussi sur ce que l'autre me propose pour me forger. Jollien (2002) nous explique : « Pour parler comme Pascal "ce n'est pas dans Montaigne, mais dans moi que je trouve tout ce que j'y vois" (...). Ainsi, je me forge grâce à autrui. L'un pratique un humour qui assurément me plaît, celui-ci jouit d'une confiance que j'estime. La sérénité de celui-là me fascine. Tous dessinent l'idéal auquel j'aspire. » Augustin confirme : « En me conviant à "devenir ce que je suis", l'autre révèle ma nature (p. 71). »

Dans cet esprit, il est important de ne pas oublier que nous n'existons qu'en relation. C'est dans la relation aux autres et au monde que le sujet se constitue. Le philosophe allemand Martin Buber (1969) propose que, dès qu'il y a relation, il y a indubitablement réciprocité. Il nous dit : « Relation est réciprocité. Mon "Tu" agit en moi comme j'agis en lui. Nos élèves nous forment, nos œuvres nous édifient (p. 35). »

Avant Labelle (1996) et Malherbe (1997), il mettait déjà en exergue l'interdépendance entre relation, réciprocité et autonomie, puisqu'il affirmait que « Celui-là seul qui connaît la relation et la présence du "Tu" est apte à prendre une décision (1969, p. 82). »

Labelle (1996) semble partager la position de Buber (1969) lorsqu'il propose que la réciprocité serait la relation elle-même. Il ajoute que c'est bien parce qu'ils sont constitués en relation réciproque que l'éducateur et l'éduqué s'éduquent mutuellement (p. 145).

Comment puis-je accéder à ce potentiel créateur de la relation ? Selon Louf (1992), elle contient effectivement un potentiel de croissance. Il écrit :

« Dans la plupart des cas, ce qui au cœur de la relation va arriver à l'accompagné interpelle puissamment la liberté de l'autre, c'est-à-dire celle de l'accompagnateur, à tel point que lui aussi est comme appelé à croître dans la prise de conscience de sa réalité intérieure. Accompagné et accompagnateur évoluent ensemble, et la croissance de l'un nécessite et provoque la croissance de l'autre (p. 77). »

La proposition de Louf sonne comme un idéal où l'on retirerait le meilleur de la relation. Il met en exergue une idée fondamentale : ma liberté est interpellée par ce qui arrive à celui que j'accompagne. Cela nécessite donc que je me laisse questionner par les effets de la relation, que je cherche des chemins mettant en lumière pourquoi telle personne semble me tenir à distance, ou pourquoi la rencontre avec telle autre m'entraîne dans une relation privilégiée. En d'autres termes, pour favoriser la croissance réciproque, je dois me poser la question de ma responsabilité dans ce qui advient de la relation. C'est d'ailleurs selon moi un apport considérable de l'approche systémique dans le champ des pratiques sociales, et qui pose la question : « en quoi, est-ce que je participe à ce qui se passe ? » Nous devons nous demander pourquoi nous avons le sentiment de nous sentir plus proches de certaines personnes que nous accompagnons. Cela concerne la nature de notre attachement aux autres.

2. Réciprocité et lien d'attachement.

A mes patients qui ont durement travaillé pour m'éduquer.

John Bowlby

Labelle (1996) s'attarde aux travaux de Bowlby (1978) pour tisser des liens entre attachement et réciprocité. Bowlby (1978) nous éclaire sur l'essence de nos relations présentes lorsqu'il évoque : « Le comportement d'attachement dans la vie d'adulte est une continuation directe du comportement d'attachement de l'enfance (1978, cité par Labelle, 1996, p. 283). » Il expliquera plus tard dans ses travaux que l'attachement est, selon lui, un besoin primaire, au même titre que celui de s'alimenter, même s'il le situe dans une autre catégorie de comportements (1984, cité par Labelle, 1996, p. 59). Ce qui fait dire à Labelle (1996) : « Si la relation d'attachement est antécédente à ses bénéfices, la réciprocité éducative, en tant que relation, peut aussi être pensée comme primordiale et "antérieure" à ses résultats. La théorie de Bowlby ouvre sur la réciprocité (p. 154). » Nous avons, grâce aux travaux de Bowlby (1978) et au rapprochement avec la réciprocité proposé par Labelle (1996), une voie pertinente pour réfléchir à la responsabilité qui est la nôtre dans la relation d'accompagnement et ainsi enrichir le processus de réciprocité transformatrice. À la lumière des relations que nous vivons, nous avons l'opportunité de sortir du cercle des répétitions qui parfois appauvrissent la relation, ou au contraire, nous appuyer sur la richesse de notre héritage familial. Cette attitude provoquera une croissance mutuelle pour les protagonistes participant à la relation. Cette chance de nourrir mon besoin d'être et de grandir, c'est l'autre que j'accompagne, présent sur mon chemin, qui me l'offre. C'est en ce lieu de rencontre que résonne le sensible, où l'invisible vient se loger dans le visible. Krishnamurti (1979) nous explique que nos relations « n'ont pas beaucoup de sens tant que nous y cherchons un contentement, mais qu'elles acquièrent une signification extraordinaire lorsqu'elles sont un moyen de nous révéler à nous-mêmes et de nous connaître (p. 197). »

Comme je l'ai déjà évoqué, je suis intimement convaincu, pour l'avoir maintes fois expérimenté dans la relation d'accompagnement, que lorsque nous avons une attitude d'implication, s'exprimant par le "je", nous suscitons chez la personne accompagnée le même degré d'implication. Nous pourrions donc affirmer de concert avec Labelle (1996) que « la réciprocité n'est autre que le concept pour penser et dire la relation constitutive des sujets personnels : sa force est de faire apparaître, mieux que le terme de communion, que la relation mutuelle est "subjectivante", c'est-à-dire qu'elle suscite les sujets (p. 179). » Pour que cela soit possible, « il faudra bien que les éducateurs se mettent vraiment en "je" dans les livres à venir sur l'éducation », comme nous le suggère Jean-François Gomez (1981, p. 17).

Ivan Boszormenyi-Nagy, à qui nous devons l'approche contextuelle, place la réciprocité en amont de la relation, tout comme le fait Labelle (1996), mais pour d'autres considérations, lorsqu'il tisse des liens entre attachement et réciprocité. Magda Heireman (1989), qui a écrit « Du côté de chez soi », un livre sur Nagy, suggère : « L'existence renvoie à une faculté spécifiquement humaine, à savoir de se transcender et de se réaliser. Cet auteur juxtapose ce rapport ontique (terme qu'il emprunte à Heidegger) et le rapport fonctionnel (p.34). » Et elle le cite (1980) dans le texte : « Dans une relation, l'élément ontique fait de l'autre une contrepartie essentielle du Soi, sans qu'il y ait à tenir compte d'aucune interaction particulière (Nagy, 1980, p. 59.). » Enfin, Magda Heirman (1989) ajoute pour compléter cette pensée que « le Soi dépend des autres pour effectuer son individuation (p. 34). »

Devons-nous en comprendre que la réciprocité serait alors incluse paradoxalement dans la relation, avant même qu'elle ne soit « habillée » d'un contenu ? La réciprocité serait en ce sens un lieu où se niche l'écho d'une profonde inspiration de réalisation, de déploiement de soi, qui ne peut se réaliser qu'avec l'autre comme « contrepartie essentielle du Soi ». Elle nous entraîne alors au-delà du “je” et du “tu”, dans une incontournable interdépendance entre les êtres, qui existe de fait. Elle serait une conséquence de notre existence, de notre appartenance à l'humanité. C'est l'esprit des propos de Gadamer (2002), lorsqu'il écrit : « L'être-avec ne désigne pas l'être ensemble de deux sujets, mais un mode originaire de l'être-nous, qui ne vient pas compléter un « Moi » par un « Toi », mais qui comprend une communauté première (p. 32). »

Après nous être arrêtés à la question de la réciprocité, déclinée sous différentes formes, et à celle de la transformation, je vais maintenant aborder deux dimensions majeures pour l'avènement de la réciprocité transformatrice, en l'occurrence le rapport à soi et le fait de permettre aux personnes que nous accompagnons de donner.

3. De la rencontre avec soi

> *Seul celui qui est prêt à tout, et n'exclut rien, pas même le plus énigmatique, vivra la relation avec quelqu'un d'autre comme une chose vivante, et épuisera sa propre existence.*
>
> *Maria Reiner Rilke*

Ici, nous postulons que la rencontre, voire la confrontation avec soi, est un chemin privilégié pour rencontrer l'autre dans son authenticité.

En premier lieu, il est précieux pour l'efficience de la relation d'être de connaître ce qu'Ausloos (1995) appelle son « équation personnelle ». Il explique qu'« on n'utilise jamais bien les stratégies avec lesquelles on n'est pas à l'aise » (p. 79). Par ailleurs, considérant la réciprocité transformatrice, comment pourrais-je être enrichi par la présence de la personne que j'accompagne, si je n'ai pas conscience du lieu intérieur d'où je communique avec elle ? Il me faut un minimum de conscience de "qui je suis et d'où s'exprime mon *je*", pour que je puisse me laisser surprendre par l'autre. Étonnement qui créera en moi de nouveaux espaces sur la carte de mon territoire intime, pour sentir que ce jeune ou cette famille m'ont entraîné dans de nouvelles zones de découvertes. Cette réflexion nous amène à l'importance de prendre soin de soi quand on est inscrit dans des professions qui nous conduisent à prendre soin des autres. Colette Beaulieu (1995) partage avec nous cette réflexion :

Pour cultiver ce savoir-être essentiel à l'ouverture aux autres, il faut savoir prendre soin de soi et se ressourcer. Aussi pour être présent aux autres dans « l'ici et maintenant », il importe de connaître ses limites, de se dégager de ses problèmes personnels et de ne pas viser la perfection absolue. (p. 47)

Prendre soin de soi, dans le sens proposé par Colette Beaulieu, est une invitation à s'aimer, à se respecter, à développer son estime de soi. C'est un aspect fondamental de la réciprocité transformatrice. Éneau (2005), inspiré par les travaux de Ricoeur (1996, 2004) explique avec pertinence : « Respect, confiance et estime vont de pair : estimer l'autre nécessite en effet de se respecter et de s'estimer soi-même, car s'aimer, c'est pouvoir ensuite donner à autrui "*la meilleure part*" de soi-même (p. 164) ».

Le regard sur soi est la pierre angulaire pour pouvoir renvoyer à l'autre, le plus souvent dans une méta-communication, « avant toi, j'étais "*là*", maintenant, grâce à toi, j'ai progressé dans l'apprentissage d'être humain. Je sors de notre rencontre transformé ». Laisser infuser la présence de l'autre en soi, quel programme exigeant mais combien riche. Cette exigence est incontournable pour qu'accompagnateurs et personnes accompagnées se donnent la chance de grandir ensemble.

Le premier outil de l'intervenant est sa personne. Dès lors, nous pouvons considérer que vie personnelle et vie professionnelle résonnent intimement l'une et l'autre. C'est ce que nous confirme Heireman (1989) : « Tout comme les pionniers de la thérapie familiale tels que L. Wynne et C. Whitaker, Boszormenyi-Nagy est convaincu que la vie personnelle du thérapeute et sa carrière professionnelle sont entremêlées et que cela forme son outil principal et un atout thérapeutique important (p. 17). » Nier cette position reviendrait à couper les ailes de la réciprocité transformatrice, et à effacer d'un seul trait la force de changement créatrice contenue au sein de la relation d'accompagnement. Selon moi, prétendre ne vivre aucun lien entre vie professionnelle et personnelle pourrait être considéré au moins comme un signe d'incompétence, au pire comme un symptôme de maladie mentale. Ne serait-ce pas faire de la relation d'accompagnement une succession de rencontres désincarnées ? Au contraire, laissons-nous toucher par la sensibilité des personnes que nous accompagnons. Si nous n'ouvrons pas notre cœur, comment pourraient-ils ouvrir le leur ? Si j'ai une démarche rigoureuse en termes de regard sur soi, je réduis de beaucoup le risque d'envahir l'autre de mes émotions. Si je ne prends pas ce risque, je vais cadenasser mon cœur et le rendre inaccessible. Subrepticement, sans même m'en rendre compte, par le mécanisme de la projection qui viendra au secours de mon être qui ne veut pas se dévoiler, je vais emmurer l'autre dans la solitude de sa souffrance.

J'ai goûté au plaisir de me rendre plus accessible dans la relation d'accompagnement, le jour où ma vie ne m'a donné d'autre choix que de prendre soin de mes lieux de souffrance. Engagé dans une démarche de connaissance de soi qui devenait incontournable pour que je puisse vivre heureux, tout simplement, j'ai compris au fil de mon cheminement, dont les étapes furent un engagement thérapeutique, puis un travail important en “Histoire de Vie”, qu'une souffrance pouvait - ô miracle - être transformée en ressource. De là, bien des résistances se sont éteintes pour que je m'implique d'une manière différente dans mon travail. De l'importance de la bonne distance que l'on m'avait apprise à l'école, je me suis petit à petit tourné vers la recherche de la bonne proximité.

Suzanne Blanchet (1993) nous explique l'importance de notre rapport à notre souffrance : « En cherchant dans son passé une expérience de souffrance résolue, en constatant ce que cette souffrance lui a apporté et la façon dont cette souffrance l'a transformé, l'accompagnateur est en mesure de reconnaître que l'événement, même pénible, a aujourd'hui une signification, et qu'il s'intègre à l'ensemble de sa vie (p. 22). » Il y a un lien avec « l'équation personnelle » évoquée par Ausloos. Cette expérience personnelle me semble importante pour comprendre qu'au-delà des difficultés qu'elles rencontrent, les personnes que nous accompagnons peuvent dépasser leurs souffrances. Notre capacité à écouter les blessures, à les accompagner, lorsque cela est nécessaire pour la personne, en dépend. Pour cela, rien n'est plus formateur que d'avoir éprouvé cette possible mutation de la souffrance au cœur même de sa vie. Autrement dit, que ce qu'on a appris puisse servir comme contenant pour accueillir la singularité, plutôt que comme contenu pour l'ignorer.

C'est parfois dans le creux du désespoir que nous devons travailler à créer l'espérance, encore une fois par la nature de notre présence quotidienne. Nous aussi sommes constitués sur des points singuliers de souffrance, de manque… ce qui ne veut surtout pas dire qu'il faille mettre l'accent sur ce qui ne va pas. On prendrait alors le risque d'augmenter la souffrance chez la personne qui se débat avec peine. Comme nous l'avons évoqué plus haut, considérer et chercher avant tout les compétences des jeunes sera fondamental, mais si on accepte notre vulnérabilité, notre perfectibilité, au même titre que de regarder nos ressources, alors nous nous rapprochons de la partie de l'Autre qui souffre et qui traverse de grandes difficultés. Surtout, nous serons en mesure de l'accueillir. Pour que cela soit possible, je pense comme Gomez (1981) qu'il est souhaitable que l'éducateur « ait rencontré lui-même, au moins une fois dans sa vie, son noyau de souffrance et de solitude (p. 33). » Nous participerons alors à un apaisement de la souffrance, ne serait-ce que par la nature de notre présence qui ne sera pas défensive face à la possible émergence d'un malaise existentiel. Ceci engendrera un mouvement vers l'espoir. De plus, notre propre perfectibilité s'ouvrira à la richesse de la présence de l'autre, laquelle trouvera une relation où elle pourra prendre le risque de s'exprimer. Paradoxalement, je pense que vouloir tenir le mal-être à distance ne fait qu'amplifier sa présence. Accepter qu'il puisse exister est le meilleur chemin pour que les ressources de la personne, refoulées derrière ce sentiment de ne pas « être bon » puissent émerger.

La nécessaire rencontre de soi, ce n'est surtout pas vouloir « tout savoir à tout prix sur qui je suis ». Ce serait une quête vaine promise d'emblée à la mort symbolique de l'Autre dans ma vie, qui annihilerait l'incarnation de la réciprocité transformatrice. En d'autres termes, cette perspective du regard sur soi est une affaire de processus plus que de contenu. Il faut laisser à la magie de la rencontre le soin d'alimenter en termes de contenu le processus qui, à son tour enrichi, créera des horizons pour de nouveaux contenus. J'aime la suggestion de Carl Withaker (1998) proposant que, dans la relation thérapeutique, le processus est d'aider à élaborer « la position du je (p. 234). » Dialogue réciproque entre contenu et processus ? C'est bien dans les lieux de mon "inconnaissance" que l'autre va m'enrichir, va venir me surprendre, va exister en tant que sujet qui participe à me rendre plus grand. Symboliquement et par extension, il apporte sa contribution au mieux-être de la communauté en prenant soin de moi. N'est-ce pas ce que nous dit Éric Bordeleau (2003), lorsqu'il écrit : « Pour accueillir la singularité d'autrui, il faut apprendre à rester à même ce qui en soi reste indéterminé. C'est seulement de cette façon qu'un contexte de compréhension appropriée pourra émerger de la rencontre. Et c'est aussi ainsi que le voyage de celui qui œuvre à la communauté pourra toujours recommencer (p. 12). »

N'est-ce pas un espace sacré qui nous fait sujet les uns vis-à-vis des autres et nous garde de tomber dans la relation d'objet ? Nous trouvons chez Nicolas de Cues et sa *Docte Ignorance*, un enseignement qui éclaire notre propos. Jean Bédard (2001), qui a écrit un roman historique à partir de la vie de Nicolas de Cues, nous dit en effet :

[...] cette ignorance est constitutive de 1'univers lui-même. L'univers n'est pas un objet défini, il est une vie créatrice comme nous sommes nous-mêmes une vie créatrice. Nous sommes donc, lui et nous, en rapport créateur. Il est impossible de connaître un homme ou une femme autrement que comme être inconnaissable, il est impossible de se connaître soi-même autrement que comme être inconnaissable, et il n'est pas possible non plus de connaître l'univers autrement que sous le mode de l'inconnaissance. (p. 169 et p. 170)

Pour sa part, Gomez (1981) propose de « faire cesser les prétentions de l'éducateur à maîtriser un savoir bidon, (p. 28) » pour créer un vide. C'est précisément dans ce vide, cette ignorance que quelque chose de neuf peut advenir, aussi bien pour la personne accompagnée que pour l'éducateur.

Je laisserais le soin à la plume d'Alexandre Jollien (2002) de conclure cette partie sur la rencontre avec soi :

L'art de tenir debout, de maintenir le cap suppose précisément un horizon plus heureux vers lequel se diriger. Ce qui mine cette progression, ce n'est pas la souffrance, ni l'échec, mais le désespoir. Cesser d'espérer, c'est s'avouer vaincu sans même relever le défi, c'est rendre vain chacun de nos efforts. La formation de la personnalité exige, comme singulier point de départ, un dépouillement radical : se (re) connaître vulnérable, perfectible, prendre conscience d'évoluer en terres incertaines, essayer de savoir pourquoi l'on combat… joyeusement. (p. 29)

4. Permettre de donner et accepter de recevoir

Quand tout me dit que je suis défaillant, comment puis-je imaginer me donner la permission de donner ? Je parle bien entendu des personnes qui reçoivent de l'aide des institutions et des services sociaux. Serait-il possible d'envisager que, de ces personnes, la société puisse apprendre ? Qu'est-ce qu'elles nous disent de l'état de notre monde, de ses insuffisances ? Vincent de Gaulejac (1999) prétend que, bien que notre histoire personnelle soit produite en partie par celle des autres, notre propre roman créatif contribue à enrichir celui de la société (p. 84). Il n'y a pas de raison que cette réciprocité ne soit pas vraie pour les personnes que nous accompagnons.

Par ailleurs, puis-je imaginer en tant que sujet grandir au contact de ceux que j'accompagne ? Voilà bien des questions que nous ne nous posons pas ou que nous nous posons peu en formation. « Faire un travail sur soi », n'équivaut-il pas à faire de la place en soi pour mieux accueillir l'Autre ? C'est susciter l'émergence de nouveaux espaces de liberté où l'altérité pourra me transformer et transformer l'Autre. Le regard sur soi est indispensable pour faire acte de création, dans le sens « autopoïétique » proposé par Malherbe (1997). C'est en ce lieu que l'Autre que j'accompagne, et dont je favorise le don, vient me transformer avec ses outils.

Cyrulnik (2003) aborde l'importance pour l'enfant blessé de se trouver en position de donner :

En donnant, l'enfant se sent grand, bon, fort et généreux. Son estime de soi, grandie par le cadeau, provoque un sentiment de bien-être et tisse un nœud du lien [...]. Il serait plus juste de dire que les enfants qui, plus tard, sont devenus résiliants, ont été ceux qui, au moment du plus grand désespoir, s'étaient donné le droit de donner. (p. 58)

Là, la capacité de l'intervenant à être convaincu qu'il peut recevoir des jeunes et leurs familles est bien entendu incontournable. Implicitement, il aidera l'enfant « à se donner le droit de donner ». C'est la considération première qui permettra au jeune ayant « une estime de soi brûlée », de s'autoriser à donner, l'amenant ainsi à participer activement à faire grandir l'autre. Cyrulnik (2001) le dit à nouveau d'une autre façon : « Quand l'enfant blessé devient celui qui donne, alors il éprouve un doux sentiment de bonheur. Il n'est plus la victime, le fautif. En un simple geste, il devient l'enfant fort, celui qui aide (p. 177). »

Sur cette même idée, il partage avec nous un témoignage :

Devenues adultes, les fillettes violées expliquent que ce qui les a le plus aidées n'est pas la compassion. Elles se sont senties réconfortées quand elles ont compris, dans le regard des autres, qu'on pouvait encore croire en elles. C'est le fait de leur demander de l'aide qui a le plus efficacement reconstitué leur estime de femme blessée. (p. 217)

Le vendredi 7 novembre 2005, l'acteur Québécois Michel Forget qui a 63 ans, témoignait à la radio CKAC de Montréal de son expérience d'enfant placé dans une institution pour des jeunes qui ont une problématique de troubles du comportement. Sur un ton à la fois touchant et coloré, il expliquait : « j'ai été mis à contribution, j'ai fait quelque chose pour quelqu'un d'autre... c'est ça qui a fait la différence ».

Cette réciprocité où l'enfant se permet de donner advient difficilement, car il s'y oppose avec beaucoup de résistance. Comme si, tout ou presque dans sa vie lui ayant enseigné l'inverse, cela ne pouvait pas être crédible. Il existe une autre voie de passage trop souvent ignorée, peut-être plus aidante encore : celle où nous favorisons le mouvement de donner-recevoir entre les jeunes eux-mêmes. Comme nous l'avons constaté avec Chloé et Jacinthe, j'ai été témoin de quelques moments de grâce où un jeune prenait soin d'un autre qui était en détresse. Alors, en retrait, nous recevons un cadeau énorme : quelque chose de presque miraculeux dans le dépassement incarné par deux êtres blessés qui vivent un moment épanoui, fiers d'eux... J'ai par ailleurs remarqué que leur capacité à reconnaître leur utilité l'un pour l'autre est beaucoup plus acceptable que lorsque nous leur reflétons ce qu'ils nous apportent à nous, adultes.

Stimuler la réciprocité entre les jeunes me transforme en ce sens que cela ouvre de nouvelles perspectives et donne un grand espoir quant à la capacité des jeunes à se retrouver dans des positions valorisantes. C'est une possibilité éducative à ne surtout pas négliger… nous aurions tous trop à perdre ! Là, l'expertise de l'intervenant est de mettre en relation les capacités des jeunes à être réciproquement des aidants naturels.

Entretenir une réflexion qui m'ouvrira à prendre conscience de ce que je reçois des personnes que j'accompagne n'est pas naturel chez l'intervenant. Et pour cause, nous n'apprenons pas cela dans les formations initiales. Pourtant, elle est un enjeu majeur pour la réciprocité transformatrice et l'efficacité de la relation d'aide. Effectivement, Éneau (2005) s'appuyant sur la réflexion de Ricœur (2004), affirme :

« Et avant l'obligation de rendre, qui ne saurait elle-même être que symbolique, celle de recevoir reste, dans le triptyque du donner-recevoir-rendre, la catégorie pivot de la réciprocité, celle qui confère au don premier la seule « *valeur* » qu'il puisse jamais avoir : la valeur non mesurable de la générosité, de la gratitude et de la reconnaissance ». (p. 168)

Pour terminer cette partie sur la réciprocité transformatrice, j'aimerais laisser la place à Gomez (1981), qui, dans une citation un peu longue, mais si belle, regroupe des thèmes majeurs que nous avons abordés, en l'occurrence, la connaissance de soi, le pouvoir, la rencontre :

« Quand j'aurai enfin une histoire et que j'en disposerai véritablement, quand celle-ci sera devenue

possible à mes yeux, c'est-à-dire compréhensible, je pourrai trouver la force de joie qui me permettra à nouveau de me pencher vers les enfants. Ceux-ci pourront à leur tour émerger de leur propre passé douloureux. Je n'aurai rien à leur apprendre, rien à leur inculquer, sinon à leur permettre de devenir ce qu'ils sont au fond d'eux-mêmes. Le pouvoir que j'aurais pu prendre sur eux, depuis ma position de pédagogue, partira en poussière ; je n'en aurai plus besoin. La vraie vie, la vraie rencontre pourront enfin commencer (p. 56) ».

Chapitre 8

RECIPROCITE ET CONSIDERATIONS ETHIQUES

Vivre bien, avec et pour les autres, est la seule éthique que nous devrions nous imposer.

Ricoeur

1. Du souci de soi et du souci de l'autre

Le souci de soi n'est pas une exigence de la solitude, mais une véritable pratique sociale, un intensificateur des relations sociales.

Michel Foucault

Dans ce chapitre, je tente de considérer le concept de réciprocité transformatrice incarné dans la pratique professionnelle.

Dans les pratiques psychosociales, nous sommes en relation avec des personnes socialement, voire même médicalement identifiées comme ayant besoin d'aide.

Nous reconnaîtrons que, implicitement, notre relation d'accompagnement est supposée n'être bénéfique qu'aux aidés, alors qu'on attend de nous l'accomplissement de notre mission sociale. Nous avons un devoir de résultat. C'est à nous de guider les aidés vers une supposée normalité afin qu'ils soient de moins en moins dérangeants pour les gens supposés normaux et le système qui les prend en charge. Or, s'il était socialement admis que les accompagnateurs aient beaucoup à gagner en termes de croissance personnelle en accompagnant des personnes traversant des difficultés, il me semble que la réciprocité transformatrice n'en serait que plus présente. D'ailleurs, les résultats de ce que nous appelons « la prise en charge sociale » seraient en conséquence plus probants, et nos communautés beaucoup plus en santé.

Sous la direction de Pierre Fortin et de Pierre-Paul Parent (2005), un travail de recherche a été fait sur le développement du souci éthique chez les intervenants œuvrant en déficience intellectuelle. Cette recherche est très éclairante pour d'autres contextes de relation d'accompagnement. Elle révèle certaines dispositions personnelles favorisant le souci éthique. Réfléchir à ces conditions me semble fondamental pour activer la réciprocité transformatrice. À la suite de ces auteurs, je considère que notre responsabilité est d'avoir la rigueur d'un regard sur soi pour que les situations de finitude, de solitude et d'incertitude, inhérentes à la condition humaine et à toute relation, soient porteuses d'émancipation réciproque plutôt que d'enfermement.

D'après ces auteurs :

- La finitude renvoie à notre condition de mortel, donc à nos limites et à nos fragilités.
- La solitude renvoie au fait qu'il existe toujours un lieu dans l'être humain où il est seul. Cela implique que nous ne pouvons tout combler chez l'autre et que nous devons l'accueillir dans sa singularité.
- L'incertitude, quant à elle, nous oblige à reconnaître la complexité de l'être humain et des conditions de son incarnation. Elle nous enseigne qu'il n'y a pas de réponse absolue. La reconnaissance de cette incertitude nous invite à une attitude d'ouverture et de disponibilité à l'autre, favorisant ainsi l'émergence de la meilleure action ou décision possible.

J'ai constaté que des rencontres avec des personnes que j'ai accompagnées prirent une part essentielle dans mon cheminement. Sans le savoir, elles me donnaient les outils qui libérèrent un nouvel espace en moi, pour faire place à un mouvement de croissance. Ma fonction d'éducateur m'invitait à les aider, ce qu'indiscutablement j'ai accompli. Mais plus que de « m'aider à les aider », ils me faisaient grandir. Il me semble fondamental dans le contexte de l'accompagnement, d'être vigilant et d'accepter qu'en tant qu'éducateur, je sois accompagné parfois par les jeunes et les familles. L'éclosion de la réciprocité transformatrice est au prix de cette vigilance. C'est à mon sens une attitude éthique qui favorisera l'accomplissement des sujets. Malherbe (1997) semble aborder cette même idée dans les propos suivants : *« L'apprentissage de l'éthique consiste en définitive à poursuivre sa propre autopoïèse en acceptant d'en recevoir d'autrui la possibilité et les outils, et en veillant aussi à proposer à autrui les instruments et les occasions de sa propre autopoïèse (p. 67).* »

Accéder à la création de soi par soi, grâce à la relation, est sur papier une belle idée. Concrètement, cela veut dire que c'est lorsque je suis éprouvé par la différence, incarnée par l'autre que je côtoie, que j'ai la possibilité de grandir. Pourtant, c'est justement cette différence qui peut me bousculer et faire naître des résistances au changement. Labelle (1996) nous explique que l'éthique de la réciprocité éducative « se résume dans cette "réciprocité de présence" où l'un et l'autre s'accueillent et se reconnaissent dans et par leurs différences (p. 196). » Il cite Jabès (1984), puis Nédoncelle (1977), qui nous disent que c'est à cette condition que « le Je est miracle du Tu (p. 33) » et que « autrui est dénommé et non plus innommé (p. 31). »

Nous constatons que le point de vue de la réciprocité transformatrice, dans le contexte de l'accompagnement, nous entraîne vers une définition qui va au-delà de la simple relation professionnelle. Il est urgent d'y introduire, la question de l'amitié. Cette dimension est abordée par Labelle (1996), qui ajoute, après avoir évoqué l'importance d'une relation sur la vibration de l'amitié entre l'enseignant et l'enseigné : « Ces attitudes de l'enseignant ne se décrètent pas. Elles procèdent d'une éthique du rapport à l'autre qui s'enracine dans la tolérance. Cette valeur se manifeste dans la capacité d'ouverture de l'enseignant et dans son aptitude à se laisser surprendre par celui qui apprend (p. 78). » Nous pouvons embrasser ces propos pour la relation d'accompagnement.

Des êtres humains déployant dans le nid de leur différence leur croissance spirituelle : idéal qui souvent confronte... Belle perspective, mais ce chemin n'est pas un long fleuve tranquille. Labelle (1996) nous explique pour accéder à nos singularités réciproques :

Il est nécessaire de reconnaître et d'accepter nos différences constitutives, qui ne se dévoilent qu'à condition de briser le prisme de nos représentations respectives [...] la cassure entre le désir de ressemblance et la réalité de la différence permet seule que je me découvre, que je te découvre, et, réciproquement, en deçà et au-delà de nos enveloppes fantasmées qui nous enfermaient dans l'illusion de nous connaître. (p. 195)

Au centre de réadaptation où je travaille actuellement, la réalité de la différence est criante. Elle est souffrance, notamment quand les jeunes sont en début de placement, arrivant souvent en situation de crise. Nous sommes confrontés à l'étrangeté de la maladie mentale, dans le sens d'une expression qui se déploie hors des repères habituels. La violence du jeune -qu'elle que soit son expresssion- interpelle la nôtre. Ce sont parfois des pans de notre intimité personnelle qui s'invitent alors à notre insu, dans l'invisible de la relation. Jacques Loubet (2000) écrit à propos de cette violence :

« *Ainsi pouvons-nous nous trouver embarqués dans un courant fou qui emporte tout, face à un jeune en crise, menaçant, et où l'impossible nous conduit dans l'impasse, nous avons affaire avec notre propre violence (p. 27)* ».

Nous imaginons aisément à quel point ces contextes peuvent bousculer les intervenants ; la réciprocité peut facilement être étouffée car pour se protéger, l'éducateur peut avoir le réflexe d'utiliser une position de pouvoir auprès des personnes qu'il accompagne.

2. Du souci de la vie au centre du souci des institutions

La société exerce une forte pression sur les institutions sociales en termes de résultats, et celles-ci la projettent sur les intervenants. Nous le savons, les institutions doivent régulièrement rendre des comptes en déposant des statistiques, le moyen par excellence de prouver leurs résultats et d'assumer leur imputabilité, sceau de leurs compétences et garantie de leur survie. Ce contexte, qui au bout du compte déterminera la récurrence des budgets alloués, place l'intervenant face à une exigence impossible de toute-puissance. De ces rouages organisationnels émane une attente de résultats dans le court terme. Ainsi, l'acte social n'est pas suffisamment pensé et il est traité en termes d'urgence. Les acteurs de la définition des politiques, les exécutants et leurs partenaires, par exemple les syndicats, oublient souvent de se centrer sur la question essentielle : quels sont les facteurs qui vont favoriser un accompagnement de qualité ? De cette manière, la stabilité relationnelle des intervenants qui est fondamentale pour l'épanouissement de tous, ne semble même pas avoir d'influence sur les définitions des politiques et leurs stratégies de mise en place. Les processus d'intervention tentent de tuer le symptôme sans se soucier de sa fonction, voire de sa cause. Nous oublions alors que nous avons le plus souvent à faire face à des crises, et que celles-ci peuvent être extrêmement créatrices. En définitive, ce traitement par l'urgence fragilise les institutions et les intervenants, qui s'essoufflent. Ils risquent de perdre leur crédibilité, la reconnaissance et la preuve de leurs compétences. Nous perdons trop facilement de vue l'interdépendance qui unie les intervenants, les jeunes et les institutions. Nous ne pouvons faire un bon travail en oubliant de se soucier de l'un ou de l'autre. Et la question de la réciprocité y joue un rôle fondamental. En ce sens, Ricoeur (1996) cité par Eneau (2005), nous explique :

« la réciprocité invite aussi à déployer une éthique, qui peut être, selon la recommandation de Ricoeur, construite pour soi et sur soi (en toute autonomie), avec et pour autrui (dans la réciprocité), et dans les institutions justes (qui permettent de bien vivre ensemble) » (p. 165)

Le centre où j'interviens n'échappe malheureusement pas à l'instabilité des intervenants, qui sont trop rapidement de passage dans la vie des jeunes et de leurs familles. Par contre, nous gardons des espaces importants pour réfléchir au sens de notre travail, tentant d'être créatifs dans nos interventions pour ne pas étouffer le potentiel de créativité inhérent aux situations de crises.

Après cette nécessaire contextualisation et considérant le concept de réciprocité transformatrice, notre propos nous amènera à nous attarder plus particulièrement à la réalité de l'accompagnateur. Il est clair que nous ne pouvons pas dissocier totalement le souci de soi, le souci des autres et le souci des institutions dans lesquelles nous œuvrons. Si nous voulons tendre vers un accompagnement empreint de réciprocité transformatrice, il nous faut prendre en considération ce triple souci. Et au-delà de tout, il y a un souci éthique suprême, qui est celui de la vie. En effet, dans le quotidien de nos actions d'intervention, la peur que les jeunes soient en crise, la peur du dysfonctionnement de l'institution, lieu de notre rencontre, fait tomber tant les intervenants que les administrateurs dans le piège du contrôle excessif.

Il peut arriver que ce contrôle ait comme effet le bon fonctionnement apparent du système au détriment de la vitalité des accompagnés et, finalement, des accompagnateurs. L'enjeu éthique qui doit nous servir alors de toile de fond consisterait à tolérer quelques failles dans le bon fonctionnement du système, voire même dans la structure propre de chaque intervenant : l'authenticité au service de la vie qu'essaie de défendre l'idéal de réciprocité transformatrice. Cette tolérance existe si et seulement si nous sommes parfois capables d'un lâcher prise, pour que la créativité, caractéristique de la relation, puisse s'exprimer.

Une fois posée la nécessaire limite à la transgression, que faire face à un jeune qui provoque régulièrement l'autorité et avec lequel nous avons le sentiment de ne pas « avoir de prise ? » Pire encore, que faire devant une personne qui retourne son mal-être en violence envers elle-même, et ainsi nous met face à notre « toute-impuissance », selon un terme emprunté à Guy Ausloos ? Comment dans de tels contextes, la réciprocité transformatrice peut-elle advenir ? Comment ne pas tomber dans l'écueil du contrôle à outrance que nous, accompagnateurs, utilisons trop souvent ? Comment favoriser la responsabilisation chez le jeune, et rendre fructueuses des situations, où la différence apparaît sur le mode de la perte de contrôle physique ? Selon Guy Ausloos, il ne faut jamais oublier que cette désorganisation est en fait une nouvelle forme d'organisation, elle-même une réponse à la situation du jeune. Vouloir empêcher ou contrôler à tout prix ce comportement constitue parfois une obstruction à la vie qui cherche à s'exprimer.

Par ailleurs, Gomez (1981) fait état de ce phénomène en décrivant le comportement d'un bon nombre d'éducateurs obstructeurs de la vie, puisqu'enfermés dans leur savoir-faire, leurs techniques et leur esprit corporatif. À ce propos, il dit : « J'arrive à peine à me souvenir que j'aie pu me présenter autrefois comme eux, « cuirassé » jusqu'au bout des ongles, inaccessible à l'amour et à l'humour. J'étais alors terriblement compétent et fermé (p. 46). »

Ces réflexions nous placent face à deux considérations essentielles, car nul être humain ne se rend inaccessible à l'amour et à l'humour par hasard.

3. A la genèse de notre engagement comme intervenant.

La première considération, c'est que l'Autre en grande souffrance traverse ce que je ne voudrais surtout pas vivre. Il peut ainsi réveiller des zones d'ombre et de souffrance rencontrées dans mon histoire, que j'ai mis tant d'énergie à refouler. Ou encore, il peut réveiller des peurs inhérentes à ma solitude, à ma finitude et à mon incertitude ; finalement à la peur de souffrir, qui m'amène à vouloir garder le contrôle. En réaction, nous serons tentés de mettre cet Autre à distance. L'accompagnateur insécurisé se construira alors une argumentation convaincante. Par exemple : « J'ai fait tout ce que j'ai pu pour la personne que j'accompagne. Si ça ne marche pas, c'est parce qu'il manque de volonté, parce que c'est son problème, parce qu'il est irrécupérable, parce qu'il ne collabore pas, parce qu'il est perturbé, parce qu'il est malade etc. » L'intervenant, dans une rhétorique bien huilée émanant de sa formation, va justifier ainsi ses actes. Les différentes écoles de pensée, allant de la psychanalyse au béhaviorisme seront ses boîtes à outils pour forger son armure. C'est de cette manière que majoritairement, il assumera la confrontation à la souffrance, puisque nulle part on ne lui a appris à travailler avec les résonances issues de la rencontre, qu'elle soit avec des jeunes, des adultes ou des familles. Pourtant, Mony Elkaïm (1989) évoque l'importance de tenter de comprendre les résonances entre le système familial du jeune et le système familial des intervenants, pour une plus grande efficacité de la relation d'aide. Il explique qu'il faut résister à la tentation de s'inviter mutuellement à « danser une danse que nous connaissons déjà », répétant ainsi ce qui a amené les jeunes et leurs familles aux situations d'échecs.

Alexandre Jollien (1999), qui vécut en institution pendant dix-sept ans, nous explique pourquoi il pensait être « dérangeant » pour les éducateurs : « Inconsciemment, je percevais et comprenais que ma présence était pour beaucoup de personnes, associée à un échec, un accident. J'incarnais pour eux une sorte de souffrance qui les culpabilisait. Ils se rendaient presque coupables de mon handicap. Je jouais le rôle d'une mauvaise conscience (p. 45). »

La seconde considération découle de la première et se retrouve dans une attitude de déresponsabilisation. Comme je considère que ce qui arrive n'est pas de ma faute, mais entièrement la responsabilité de l'Autre, je rejette sur lui tous les torts. Cyrulnik (2001) nous en explique les motivations sous-jacentes :

« C'est avantageux de raisonner en termes de dégénérescence, ça implique que moi, neurologue, je ne suis pas dégénéré puisque je suis diplômé. C'est réconfortant d'observer l'autre avec la notion d'immaturité, ça veut dire que moi, observateur, je suis un adulte mature puisque je suis salarié. Ces points de vue techniques confortent les diplômés et les salariés, mais disqualifient les relations simplement humaines, affectives, sportives et culturelles, tellement efficaces (p. 32). »

Voilà peut-être pourquoi les éducateurs formés surtout à détecter les problèmes des autres, à étudier les problématiques, à y trouver des solutions… voilà peut-être pourquoi, pour se protéger, se sécuriser, ils se concentrent davantage sur ce qui ne fonctionne pas chez la personne accompagnée plutôt que sur sa potentialité et sa vitalité, plus difficiles à trouver. Pour revenir à l'histoire personnelle de Cyrulnik, il a expliqué à plusieurs reprises qu'il pensait être devenu psychiatre pour dépasser les douleurs de son enfance. En l'occurrence, il est devenu orphelin à la suite de la déportation de sa famille pendant la deuxième guerre mondiale. Maintenant, il fait un métier “d'aidant” avec un talent reconnu internationalement ! Nous pouvons émettre l'hypothèse que les personnes qu'il a aidé ont facilité le dépassement d'un traumatisme de l'enfance. En d'autres termes, Carl Withaker (1998), un des pionniers de la thérapie familiale reconnu pour son originalité, sa créativité et ses compétences, nous propose une variation sur les motivations de devenir psychiatre, lorsqu'il écrit sur un ton bien à lui : « En tant que psychiatre, je suis persuadé que tous ceux qui sont devenus psychiatres l'ont fait en raison de leur préoccupation et de leur inquiétude vis-à-vis de leur propre folie, et avec l'espoir de dépasser cette folie afin de ne pas s'autodétruire (p. 235). »

Là encore, les handicaps des autres nous permettent d'arriver à vivre avec les nôtres.

Il est plus difficile d'accueillir la différence quand elle s'exprime sous des formes inattendues, comme par exemple la souffrance. Il est un point de vue de dire qu'il faut l'accepter, il en est un autre plus difficile que de l'incarner quand elle me percute, parfois dans mes certitudes ou dans ma capacité à communiquer avec l'autre. C'est pourtant là, selon moi, que se situent les zones de dépassement de soi. Comme nous l'avons déjà dit, l'écueil dangereux est de voir l'intervenant utiliser sa position de pouvoir pour imposer littéralement et sans espace de liberté un contrôle sur l'autre. Précisons que de faire respecter les règles est une responsabilité évidente pour l'éducateur, surtout quand le jeune n'a plus de contrôle sur lui. Cette attitude éducative, en contenant l'angoisse, sécurisera le jeune. Cependant, il faut toujours être vigilant pour être sûr que le contrôle vise à protéger le jeune et ses pairs plutôt que les limites de l'intervenant, et c'est justement là que se trouvent les risques de l'abus. Les grandes règles de la vie, qui concernent le respect de soi, des autres et de l'environnement, doivent être rappelées, sans que l'intervention visant à les faire respecter ne soit inlassablement justifiée pour être rassurantes et structurantes. N'oublions pas pour autant, qu'un débordement, une transgression, c'est aussi l'expression d'une angoisse incapable de trouver le chemin des mots. Nous pouvons parfois revenir sur l'événement et ouvrir des portes pour trouver un sens à « l'événement crise. » Ensuite, on peut éventuellement entrevoir de nouvelles avenues : qu'est-ce qui aurait pu se vivre différemment ? J'ai souvent constaté, lorsque j'étais intervenant, que cette ouverture enrichissait mes interventions. N'est-ce pas faire de la personne accompagnée notre première ressource en tant qu'éducateur, pour progresser dans notre pratique ?

Pour que l'éducateur puisse grandir et déployer sa potentialité dans la réciprocité transformatrice, il faut qu'il accepte la remise en question, y compris en provenance des personnes qu'il accompagne. Qui d'autre qu'elles sont les mieux placées pour témoigner de la nature et de la justesse de notre accompagnement ? L'accompagnateur se montrera alors profondément humain, responsable, et grandira dans la rencontre avec soi grâce à la personne accompagnée. C'est dans ce sens que Malherbe (1997) soulève pour sa part la question de notre engagement et de notre responsabilité. Il écrit : « Le singulier dans la relation, c'est l'autre qui est sujet et qui me trouble par certaines caractéristiques de son existence. Concrétiser notre engagement à l'égard de l'universel grâce aux déséquilibres engendrés par la confrontation à la vie de l'autre singulier, voilà un beau programme de participation à la transformation de l'univers ! (p. 58). » Dans le même ordre d'idées, Labelle (1996), citant Mounier (1949) rappelle que l'Autre « bouscule mes assurances, mes habitudes, mon sommeil égocentrique, il est, même hostile, le plus sûr révélateur de moi-même. Ainsi le rapport interpersonnel positif est une provocation réciproque, une fécondation mutuelle (p. 41 et 42). »

Il faut oser se lancer dans l'aventure de la rencontre, prendre le risque du déséquilibre pour percer l'opacité du singulier et offrir des jets de transparence à l'universel ; traverser l'ombre, lieu d'où émergera la lumière. D'ailleurs, l'ombre ne dessine-t-elle pas les contours de la lumière ? Labelle (1996) aussi évoque l'universel, en citant Nédoncelle (1977) : « La personne est en relation et elle est une perspective universelle (p. 161). » La transformation sera réciproque grâce au mouvement circulaire de donner-recevoir. En effet, il n'y a pas un aidant qui donne et un aidé qui reçoit, parfois nous recevons et parfois nous donnons.

Cette prise de conscience donne une nouvelle dimension à la relation d'aide. Elle en transcende les conceptions habituellement reconnues. Les adultes déficients intellectuels et leurs parents, avec qui j'ai travaillé pendant six ans, m'ont appris qu'il était fondamental de leur partager avec eux nos limites. Je remerciais les parents qui osaient, souvent du bout des lèvres, remettre en question certaines de nos habitudes institutionnelles, voire certaines de nos interventions. Cela démystifiait l'image du "bon éducateur dévoué", qui s'occupait de leurs enfants, alors que nous savons que l'éducateur, lui aussi, est à la recherche d'un baume à déposer sur ses propres blessures. Je ne conteste pas qu'il est important de recevoir la reconnaissance des parents d'enfants ou adultes que nous accompagnons. Mais cela peut se faire en redonnant une juste proportion au mythe de l'éducateur dévoué. C'est aussi une voie de réconciliation pour les personnes accompagnées, qui portent sur leurs épaules le poids de la stigmatisation de la société : « Vous êtes déficients, intellectuelement ou socialement, et vous avez besoin de services ». Ils pourraient ainsi comprendre que les intervenants qui ne sont a priori pas déficients – et j'insiste sur le "à priori", car chaque personne a ses zones de déficience tout comme ses zones de compétence – vivent aussi avec des limites. Pour la personne déficiente, constater qu'un éducateur assume en partie ses limites et les partage parfois avec lui, pourra le rassurer et aura pour effet possible de le stimuler à accepter les siennes. Et peut-être, vivre plus apaisé. Ce qui est toujours aidant pour exprimer sa vitalité ! De plus, cela permet d'envisager un nouvel espace, où moi, déficient intellectuel, moi, jeune avec un problème de santé mentale, je pourrais faire quelque chose pour cette personne qui m'accompagne. D'autant plus que, très souvent, nous sommes significatifs pour ces jeunes ou ces adultes. Bien entendu, je tiens à préciser que, encore une fois, il est question de mesure, et que cela ne doit pas se faire systématiquement. Cela aurait un effet contraire et deviendrait inquiétant pour les personnes que nous accompagnons.

Finalement, rappelons que se soucier de la vie, par-dessus tout, c'est faire le choix radical de s'occuper de la potentialité plutôt que des calamités. C'est faire le choix définitif de remettre en question ce qu'on sait, ce à quoi l'on croit, et parfois des règles institutionnelles, dès qu'on a l'impression que la vitalité des personnes est mise en danger.

3.1 L'Intervenant : une réparation de son histoire ?

Guy Ausloos (1995), dans le travail avec les familles, nous invite à abandonner les notions de résistance, de manque de collaboration, de non-motivation des familles. Il explique que « ces notions ont été inventées par les thérapeutes pour justifier leur incapacité à entrer en relation avec leurs clients (p. 160). » Il me semble que nous pouvons transposer sa proposition au travail de l'accompagnateur, où nous constatons souvent ces mêmes réflexes pour justifier l'échec.

Par ailleurs, Jollien (1999), qui était de "l'autre côté de la barrière", avait compris que les éducateurs font le choix de ce métier pour trouver une valorisation où ils pourront exister, réparer une blessure, s'affirmer (p. 64). De son côté, Edith Glodbetter-Merinfeld (1999) dispense des formations à des futurs thérapeutes familiaux. Elle a constaté que tous ont tenté spontanément ou officiellement quand la demande leur en a été faite, d'être en quelque sorte le thérapeute de leur propre famille. Et, observation majeure, elle a noté que tous restaient avec un sentiment d'échec et que, de surcroît, cela leur avait parfois été signifié (p. 36). Ainsi, l'être humain embrassant la relation d'aide cherche peut-être à soigner sa propre loyauté familiale blessée ?

Lors de discussions avec certains de mes amis éducateurs, nous faisions cette constatation que nous cherchions une place valorisante. Certains affirmaient qu'ils avaient été proches d'être de ceux qui auraient pu recevoir le « service » d'intervenants. Nous voyons donc qu'il y a des attentes mutuelles de combler des failles dans la relation d'aide, entre l'accompagnateur et l'accompagné (Goldbetter-Merinfeld, 1999, p. 36). Ceci devrait être considéré comme une caractéristique fondamentale dans la formation des professionnels de la relation d'aide. Le travail sur soi deviendrait alors incontournable, et la relation d'accompagnement ne serait plus vue comme linéaire mais circulaire. Elle serait envisagée comme une formidable opportunité d'épanouissement de la réciprocité transformatrice. La personne accompagnée, sa famille, deviendraient des « partenaires de croissance », et nous parlerions alors volontiers de « coconstruction ». Nous serions réciproquement engagés au sein de la relation, dans ce que Krishnamurti (1979) appelle « un processus d'autorévélation qui est celui de la connaissance de soi » (p. 197). L'altérité y tient une place majeure. Elle est le vecteur par lequel je me révèle et je révèle l'autre (Labelle 1996, p. 170). Labelle (1996) enrichit cette réflexion en citant Nédoncelle (1957) : « C'est en m'attachant en effet à ma particularité que je découvre l'altérité que tu représentes pour moi, et inversement, tandis que nous exprimons ainsi l'un et l'autre le vœu que nous sommes sans cesse d'être uniques les uns par les autres (p. 246). »

Cousinet nous offre une belle conclusion, lorsqu'il proposait déjà en 1945 une réflexion sur les qualités que l'éducateur de jeunes devait acquérir et développer : « (...) le calme et la patience, la modestie de qui sait avouer qu'il ne sait pas, l'honnêteté de qui ne se croit pas omniscient, la loyauté de qui sait reconnaître ses torts » (p. 64, cité par Labelle, 1996). Antoine de La Garanderie (1991) le dit sous une autre forme :

« Paradoxalement, la grande motivation de l'éducateur, de l'enseignant, ne devrait-elle pas être en définitive la prise de conscience de son ignorance, face aux richesses insoupçonnées de la vie ? » (p. 11).

Il ajoute que prendre conscience *« qu'on ne sait rien crée un formidable appel d'air... vers ce qui est à connaître » (p. 38).*

Ces considérations devraient être retenues comme fondamentales pour l'élaboration des programmes de formation initiale et continue. Quand seront reconnus certains manques importants dans les contenus de formation pour les professionnels, nous diminuerons de beaucoup les attitudes et les gestes d'inconscience, voire de négligence dans le contexte de la relation d'accompagnement.

Enfin, il m'apparaît important que l'accompagnateur apprenne à s'approprier de moins en moins la responsabilité qui appartient au jeune et à sa famille. Dans la foulée, il apprendra à reconnaître ceux-ci comme les partenaires crédibles de son action. Or, cette reconnaissance semble parfois insécurisante pour l'intervenant.

4. Du respect de la compétence parentale et de la loyauté filiale

Reconnaître la réciprocité dans notre rapport aux parents des personnes que nous accompagnons favorisera la progression de tous, accompagnateurs et accompagnés. En premier lieu, nous commencerons à inverser la tendance que les parents ont le plus souvent de porter sur eux toute la responsabilité des problématiques de leurs enfants, écrasés par le poids du sentiment d'incompétence et l'incertitude d'avoir fait ce qu'il faut. Ce qui, nous en conviendrons, ne facilite pas le fait de donner le meilleur d'eux-mêmes. Nous éviterons surtout de reproduire ce que les parents ont beaucoup vécu, en l'occurrence le doigt accusateur des services sociaux leur expliquant ce qu'ils ont mal fait, pourquoi ils l'ont mal fait et comment ils devraient faire pour mieux faire... Il me semble que j'exagère à peine. Malheureusement, nous n'apprenons pas encore dans les formations initiales à travailler au cœur même de nos limites pour en faire un levier dans la relation d'accompagnement.

J'ai maintes fois constaté combien il était aidant de s'appuyer sur la compétence des parents pour accompagner leurs enfants. Qui d'autre qu'eux connaît mieux leur enfant ? Ce serait une grave erreur que de se passer de cette contribution. Les informations pertinentes qu'ils partagent avec nous nourrissent le processus thérapeutique. Selon Ausloos (1995), « *l'information pertinente est celle qui vient de la famille et y retourne (p. 30).* » Cela nous entraîne dans une posture où nous apprenons des familles, favorisant ainsi le processus de réciprocité transformatrice. C'est une façon d'envisager un travail de partenariat avec les familles, laquelle aidera à instaurer une collaboration entre tous et renforcera la confiance dans notre relation avec le jeune. Un point d'ancrage essentiel pour un meilleur accompagnement au cœur de la vie quotidienne de l'enfant placé. Enfin, la loyauté envers les parents sera respectée. Heireman (1989) cite Boszormenyi-Nagy (1973), tiré de *Invisible Loyalties* : « Ayant reçu la vie, l'enfant éprouve un devoir éthique envers ses parents, dont il veut s'acquitter (...) Cette *loyauté existentielle* peut être renforcée par le mérite des parents. » (p. 47)

Au contraire, quand nous nous attelons corps et âme, comme on nous l'a si bien appris, à trouver constamment les solutions à la place de l'Autre, nous envoyons un message subliminal à la famille et au jeune, celui qu'eux ne savent pas une fois de plus, mais que l'institution, elle, « sait ». Combien de conflits de loyauté ont été perpétués par cette façon de faire ? Celle-ci pousse parfois les jeunes à des passages à l'acte, qui, en substance, nous diront : « Vous l'institution, vous n'êtes pas meilleurs que mes parents, car vous aussi vous échouez avec moi. » Dans ce cas, la réciprocité transformatrice est très fortement hypothéquée. Le concept de loyauté est central dans l'œuvre de Boszormenyi-Nagy. Il est, selon lui, comme nous venons de le voir, lié à l'origine familiale de notre existence. Notant l'interdépendance entre loyauté et conflit de loyauté,

Heireman (1989) explique en s'appuyant sur les recherches de Nagy (1986) : « La loyauté est une configuration relationnelle impliquant au moins trois protagonistes : celui qui doit faire un choix, celui qui est préféré et celui qui ne l'est pas. Loyauté et conflit de loyauté, sont dès lors, les deux faces inséparables d'une même réalité (p. 47). » Finalement, en filigrane, n'est-ce pas aussi de cela dont nous parle Christine Abels (2000) quand elle évoque l'enfant placé en institution séparé de ses parents et à la recherche d'une place : « C'est pourquoi la quête de l'enfant deviendra le plus souvent une quête de place, mais de sa place d'enfant et, surtout, d'enfant de ses parents, et non pas d'enfant de parents de substitution ou de personne (p. 56). » Elle ajoute que l'enfant placé a besoin que nous prenions soin du souvenir de ses parents, et « qu'on ne blesse pas à travers eux l'image qu'il se fait de lui-même ; car en niant ou en critiquant la famille d'origine de l'enfant, c'est lui-même qu'on nie ou critique (p. 58). »

5. Du choix de la potentialité comme lieu de « re-co-naissance ».

Je sais que le regard de l'Autre participe à la définition de qui je suis et c'est bien entendu réciproque. Si je fais un effort rigoureux pour considérer celui que j'accompagne comme un être plein de potentialités, je vais donc favoriser le déploiement du meilleur de lui-même. Les circonstances de la vie ont amené les personnes que nous accompagnons à ne plus voir, ou si peu, leurs ressources. Il faut donc chercher celles-ci, avec eux, et y croire. Nos croissances réciproques en dépendent. C'est grâce à une constance dans cette démarche que nous féconderons des lieux de surprise. La personne que j'accompagne sera étonnée que, malgré ses efforts à me démontrer le contraire, je la considère toujours comme quelqu'un de valeur. L'accompagnateur trouvera des raisons de s'émerveiller lorsqu'il sera le témoin privilégié des dépassements de la personne qu'il accompagne, qui osera progressivement vivre à partir du lieu même de ses potentialités.

Guy Ausloos (1995) postule que « un système vivant ne peut se poser que des problèmes qu'il est capable de résoudre » (p. 75). Cela ne veut pas dire que nous trouvons toujours la voie de passage vers un équilibre satisfaisant dans l'accompagnement d'un jeune et de sa famille, mais ce postulat paraît incontournable pour nous donner la chance d'y arriver. Il ajoute : « Parler de famille compétente est donc une façon de rendre à la famille sa compétence plutôt que de considérer ses manques. Cela modifie évidemment la position du thérapeute (p. 29). » Cyrulnik (2001) nous en parle en d'autre termes : « L'attitude qui aidera les blessés à reprendre un développement devra s'appliquer à découvrir les ressources internes imprégnées dans l'individu, autant que les ressources externes disposées autour de lui (p. 31). »

Je considère que ses propositions sont extrêmements pertinentes pour les intervenants. Quel changement de paradigme bouleversant pour des professionnels de la relation d'aide à qui on a appris avant tout à chercher ce qui ne fonctionne pas ! Mais c'est un nécessaire bouleversement, car comme nous le dit Guy Ausloos (1995) : « Il est vrai que la majorité des intervenants a été formée à chercher ce qui ne va pas, et que nous avons tous tendance à trouver ce que nous cherchons, même si la réalité est différente (p. 157). » S'appuyant sur les travaux de l'historien

Jean Delumeau (1983), il a trouvé une première explication à notre propension à chercher ce qui ne va pas. Il explique que « sa thèse principale montre que, dans la civilisation judéo-chrétienne, c'est la faute, le péché qui est à la base du système éducatif, au moyen de la culpabilisation (p. 157). » La seconde explication, il l'a trouvée dans un livre de Michel Foucault (1981), qui a mis en relief le fait que nous étions dans une culture où nous « voulions savoir », dans les traces de l'expression consacrée : « faute avouée est à moitié pardonnée ». Guy Ausloos (1995) relève que c'est « comme si la majorité des intervenants en psychologie et en éducation avait repris le rôle des confesseurs (p. 158). » Ces considérations sont primordiales pour l'étude de la réciprocité transformatrice et de son implication. Elles nous démontrent combien cette notion va à l'encontre de dizaines d'années de conditionnement. En ce sens, ne devrions-nous pas dans un premier temps apprendre à nous « déformer », dans le sens de déconditionner ?

Considérant la question de la formation, Larrosa (1983) nous invite à réfléchir sur connaissance et transformation en nous expliquant que nous savons beaucoup de choses, mais que ce que nous savons ne nous fait pas changer. Il ajoute que ceci émanerait d'un rapport avec la connaissance qui n'est pas ancré dans l'expérience. Ainsi, propose-t-il, ce rapport n'aboutit pas à la formation ou la transformation de ce que nous sommes. Cela nous enseigne que la transformation n'est pas favorisée nécessairement par ce que nous apprenons, mais bien avant tout par l'expérience ; ou plus justement par la connaissance subjective issue de l'expérience. L'expérience de la rencontre est le premier facteur de transformation, et j'ajouterais que ce que nous apprenons peut ensuite nous servir de bouclier pour mettre l'autre à distance, quand sa condition nous déséquilibre, et que nous refusons « d'entrer » dans ce déséquilibre. En ce sens, j'ai été témoin que l'approche analytique, pour autant qu'elle puisse être pertinente dans un contexte de thérapie, pouvait être utilisée comme moyen de mettre l'Autre à distance par les intervenants.

J'ai constaté dans ma pratique la force émancipatrice du regard qui cherche la ressource. J'ai remarqué par ailleurs qu'elle amenait les personnes que j'accompagne à oser plus facilement une parole sur leurs souffrances, mais d'une façon dédramatisée. Et surtout, c'est là que se trouvent les plus grandes chances de transformation réciproque. Si c'est une transformation pour la personne accompagnée de se connecter avec sa compétence, c'en est une autre pour l'accompagnateur que je suis d'en être le témoin privilégié ; si ce n'est pas toujours source d'émerveillement, c'est au moins un étonnement.

Les jeunes que j'accompagne résistent à ce que nous les considérions par la fenêtre de leurs capacités. Par des passages à l'acte, ils tenteront de nous prouver que nous faisons erreur. Je me souviens d'une jeune de douze ans qui me disait : « C'est bizarre, Christophe, mais on dirait que quand ça va trop bien, quand on m'a fait trop de compliments, après il faut que j'aille pas bien et que je devienne pas correcte. » Une autre jeune qui écoutait notre échange dans le cadre de sa porte avança de deux pas dans sa direction et lui fit écho, tel un cri du cœur : « Moi, je suis pareille comme toi ! » Je lisais dans ses yeux qu'elle avait nommé avec précision ce qu'elle vivait au plus profond d'elle-même. Quel pouvoir d'évocation !

La réciprocité connaît ses fantômes qui tentent d'envoyer aux oubliettes la possible transformation. C'est ce que nous dit Labelle (1996) lorsqu'il écrit : « La réciprocité peut être ignorée de l'autre, mais suppose toutefois d'être voulue par l'un (...) J'ajouterais même que mon intention n'a pas besoin d'être payée en retour : c'est le cas où aucun progrès n'est constaté. Nous sommes alors dans le don pur : l'éducateur poursuit son engagement, même s'il ne voit rien. Les éventuels progrès différés de l'apprenant, peut-être à jamais ignorés de l'enseignant sont à ce prix (p. 175). » Mais nous pouvons faire face à ces résistances.

Les liens tissés entre la potentialité de la personne, le regard sur soi, la compétence des familles, la loyauté et la réciprocité transformatrice me permettent de proposer trois postulats essentiels à l'émergence de la réciprocité transformatrice.

6. Trois postulats sur l'être humain en souffrance.

1er postulat: La personne pose des actes qui vont tendre le plus souvent à confirmer l'image qu'elle a d'elle-même et celle qu'elle pense que l'on a d'elle. De fait, une personne qui a une image négative de soi posera souvent des actes de transgression qui provoqueront la punition, le retrait, qui confirmeront son idée première : « Je ne suis pas quelqu'un de bien. » Là, notre capacité d'aimer est parfois fortement éprouvée. Nous comprenons que si notre attention est essentiellement tournée vers ce que la personne ne sait pas faire, nous amplifierons ce processus. Cela équivaut selon moi à entretenir la maladie mentale. Un regard inverse, ancré dans la potentialité, redonnera vie à la partie en santé de la personne.

2ème postulat : La personne fait ce qu'elle pense être le mieux au moment où elle le fait et dans le contexte où elle le fait. Reconnaître que l'autre fait ce qu'il peut est un signe probant de l'empathie. Rappelons que Cyrulnik (2003) nous apprend que l'empathie est un facteur de résilience (p. 57). Si l'attitude de la personne tend à provoquer le rejet, c'est le signe d'une détresse humaine plus que d'une volonté de nuire aux autres. C'est à ce moment où nous sommes tentés de rejeter l'autre que l'empathie sera une force qui finalement touchera et surprendra la personne accompagnée.

3ème postulat : La personne est bien plus grande que ce qu'elle me montre d'elle. Au-delà du symptôme, il y a une personne en santé, d'où l'importance de tendre vers la recherche de ses ressources, ce qui n'est pas une tâche facile quand une personne est persuadée d'en être démunie.

Labelle (1996) aborde le contexte où la réciprocité est le plus éprouvée. Il nous explique qu'elle est à son paroxysme quand nous voulons « la promotion de l'autre, alors qu'en lui aucune qualité ne m'attire, que son physique me répugne, que je ne partage pas ses idées, voire même que je les condamne, et que lui-même me rejette (p. 177). » Nous comprenons là l'importance des trois postulats que je pose. Il me semble que c'est lorsque l'autre me « dérange » au plus haut point que j'ai une occasion unique de grandir. En me posant alors la question suivante : Sur quel aspect de mon histoire cette personne « met-elle le doigt » pour provoquer en moi de tels ressentiments ? Ce fut le cas avec une jeune qui m'a beaucoup fait travailler, plus que n'importe quelle autre, sur le thème de l'autorité. Si je dépasse le ressentiment pour en arriver à accepter l'autre comme il est, « je nous offre » alors un nouveau lieu de transformation. De par la réflexion qu'elle a suscitée en moi, elle aura participé à mon cheminement, donc à ma transformation.

Jollien (2002) est on ne peut plus explicite sur l'importance du regard porté sur l'autre. C'est une belle conclusion pour notre détour sur « la potientialité vitale ». Celle-ci est inscrite au creux de son propos : « Et c'est imperceptiblement que, sur la différence ou pire, sur le handicap, se greffent les difficultés insurmontables : autrui, fondement de ma vie, devient un obstacle, colle ses étiquettes dont l'effet néfaste blesse pour longtemps. Si le philosophe Alain a raison, si l'on s'empresse de ressembler aux portraits que les autres font de nous, comment le nain se considérerait-il l'égal de l'autre dans un monde où tout crie sa « petitesse » (p. 83, 84). »

7. De « la bonne distance » à « la bonne proximité »

> *Souviens-toi, l'amitié c'est le persil de l'âme... C'est la fraternité parfois au bord du vide... C'est le flocon de l'être, quelque chose qui perce...*
>
> *Jacques Loubet*

Un facteur important dans l'approche de réciprocité passe par une qualité d'engagement chez l'intervenant, en faisant la démonstration que, d'être honnête envers soi, ça rapporte des bénéfices. C'est contraire au travail de l'aidant qui s'affiche comme un « moi idéal », sans faille mais inaccessible.

Il s'agit ici d'oser se positionner comme un sujet qui assume son humanité face à un autre être humain. Je crois que lorsque nous osons parler au "je", par effet miroir, nous favorisons chez la personne accompagnée l'utilisation de ce même "je". Elle peut ainsi risquer à son tour le partage de son intériorité, empreint d'une certaine sécurité. C'est là que sa grandeur accouche, que nos richesses humaines se déploient et fécondent des mouvements de croissance mutuelle. C'est un des chemins privilégiés de la réciprocité transformatrice. La nature de nos présences respectives, nos paroles et nos silences nous projettent alors dans une relation où le paradigme classique de l'éducateur qui aide le jeune, l'adulte déficient intellectuel, les familles est momentanément dépassé. Ils deviennent alors aussi ceux qui participent à m'enrichir. Ils contribuent à me faire goûter des moments de qualité. Ils ne sont plus seulement ceux qui reçoivent des services, mais en plus, ils « donnent ». Ils apportent alors à leur mesure leur contribution à un monde meilleur. Ils peuvent progresser dans leur quête du bonheur, grâce au sentiment fondamental pour tout être humain, qui est de se sentir utile.

J'aimerais briser un tabou de notre profession, où il ne faut surtout pas évoquer le terme d'amitié pour qualifier une relation entre un éducateur et les personnes qu'il accompagne. Quand un jeune, un adulte déficient intellectuel, une famille etc. rencontrent mon histoire et me font grandir, j'éprouve pour eux de la reconnaissance et de l'amitié. Suis-je envahit pour autant ? Je ne pense pas ! Dans le cadre professionnel, l'émergence de l'amitié, cela peut être aussi un mouvement de la vie qui se déploie à son meilleur. Et cela n'empêche surtout pas l'éducateur d'exercer son rôle d'accompagnateur avec compétence et professionnalisme... en étant « à la bonne place ». Jérôme Eneau me permet d'enrichir cette réflexion, lorsqu'il évoque la *philia*, qui recouvre le lien existant entre amitié et réciprocité. Il prétend que « la *philia* comme réciprocité implique un retour : l'amitié implique de donner et en même temps de recevoir (p. 160) ».

Oser se poser la question de l'amitié dans la relation d'accompagnement, ne favoriserait-il pas la réciprocité transformatrice dans cette même relation ?

Considérant la visée éthique de la réciprocité et cité par Eneau (2005), Ricoeur (1996) estime que l'amitié est une « *vertu* » : nous en avons pour « *vivre bien* » car seul ce type de sentiment favorise le passage de « *l'estime de soi* » à la « *justice* », autrement dit, d'une vertu individuelle à une vertu plus collective.

L'intervenant et les jeunes qui passent huit heures par jour ensemble cinq jours par semaine, peuvent-ils se permettre d'appauvrir leur relation en passant à côté de cette dimension ? Poser la question, c'est selon moi y répondre.

Prenons certains risques et nous pourrons être révélateurs et témoins privilégiés de la générosité de l'autre, que l'on dit diminué et qui a besoin de services. Nous avons évoqué dans la première partie les limites organisationnelles et politiques. Pour autant, il existera toujours un lieu de la relation qui ne sera pas affecté par ces limites et c'est là que la force de notre engagement doit s'inscrire.

Mon propos ne concerne pas ou concerne peu la relation éducative classique telle que nous l'apprenons dans les formations pour les intervenants sociaux, et que je résumerais ainsi : « Faites attention, soyez vigilant et gardez la bonne distance. » Un intervenant partageant une bribe de son histoire est suspect : « Il a un problème de distanciation, il est envahi par la relation avec la personne qu'il accompagne ». Cette vision est peut-être caricaturale, mais elle colle malheureusement trop bien à une réalité dans l'enseignement aux intervenants. Pour ma part, j'entendais comme une rengaine la question de « la bonne distance », mais jamais celle de « la bonne proximité ». En fait, ce n'est pas tout à fait vrai, puisque la première fois que j'ai entendu cette formulation, c'était à un cours optionnel, par Christine Abels, la formatrice qui nous accompagnait dans l'atelier "Histoire de Vie". La participation à cette option a été le moment le plus riche de ma formation.

Alexandre Jollien (1999), déjà évoqué précédemment, est handicapé physique de naissance. Il a vécu dix-sept ans dans une institution. Presque miraculeusement, défiant les pronostics de bien des spécialistes, il a fait preuve d'une force extraordinaire pour intégrer le système scolaire "normal" et aboutir à l'étude de la philosophie. Son témoignage est précieux, car il nous fait nous questionner notamment sur la nature des pratiques sociales. Il nous aide à comprendre ce qui peut favoriser ou empêcher la circulation de la réciprocité transformatrice. Il nous parle de la question de "la bonne distance", que nous apprenons dans les écoles :

Dans leur colloque, beaucoup d'éducateurs insistent excessivement sur la nécessité de mettre de la distance entre le « patient » et l'éducateur. Cette recommandation anodine suscite beaucoup de souffrance gratuite. (...) Je ne me plains pas... il suffisait qu'une stagiaire de mon âge se liât d'amitié avec moi, et les éducateurs lui conseillaient presque aussitôt d'y mettre un frein. La retenue rendait ainsi nos relations très superficielles, très « cliniques ». Finalement, cette distance constituait un obstacle radical à l'éducation. (p. 62 et 63)

Je suis convaincu qu'il est important d'être vigilant pour ne pas faire porter au supposé aidé le poids de nos difficultés. Mais je reste persuadé qu'un partage d'expériences adéquat et au bon moment lui témoigne notre reconnaissance de sa pleine humanité. Il ne s'agit pas de « se raconter pour se raconter ». Par contre, ne pas se censurer sera pertinent si ça permet d'ouvrir de nouvelles portes qui enrichissent les cheminements des acteurs en présence et, avant tout, des personnes que nous accompagnons. Ivan Boszormenyi-Nagy, père de la thérapie contextuelle, expliquait que dans certaines situations, le thérapeute pouvait introduire ses propres expériences, « non pas comme un contenu à considérer, mais pour amorcer un processus auprès de la famille (cité par Heireman, 1989). »

Ce que je regrettais le plus dans la formation d'éducateur spécialisé, c'est que nous pouvions la traverser en passant à côté d'un travail sur soi, indispensable pour exercer notre métier. Je pense que nous n'en voyons que trop souvent les effets sur le terrain, où les projections des éducateurs donnent parfois « du jus » pour entretenir les problèmes de santé mentale des personnes.

Il faut démystifier l'image du « bon éducateur qui s'occupe des handicapés, des jeunes, des familles, etc. », qui est à des kilomètres de la réalité. Cette dernière est bien plus subtile. Si un être humain emprunte le chemin de la relation d'aide, c'est notamment pour dialoguer avec la partie de son intériorité en déséquilibre, même si cela s'avère le plus souvent inconscient. J'en ai fait l'expérience. Cette dimension, ce lieu de déséquilibre, sera une force pour faire vivre la réciprocité transformatrice. L'intervenant, à l'aube de sa carrière, ne courrait-il pas après une faiblesse cachée, et la personne accompagnée après une faiblesse mise au grand jour ? L'un et l'autre ont vraiment besoin de la relation, donc de l'un et de l'autre, pour trouver des voies de passage à leurs conditions respectives. Leur rencontre offre un potentiel transformateur certain. Pour favoriser l'émergence de ce potentiel, il serait pertinent que les programmes de formation et les cultures d'intervention prennent en considération son importance.

Pourquoi n'en est-il pas ainsi alors que cela semble si évident ? Pourquoi nos formations nous apprennent-elles à chercher ce qui ne va pas bien, plutôt que de mettre l'accent sur les ressources des personnes et des familles que nous accompagnons ? Je m'aperçois bien souvent, et cela me surprend et me réjouit à la fois, que, lorsque je suis connecté à « ce qui veut vivre » chez le jeune et sa famille, ceux-ci se mettent à oser une parole sur des événements dont ils n'ont quasiment jamais parlé. Je postule que de "se brancher" sur leur vitalité leur donne la confiance pour oser partager ce qui est plus difficile à porter. Ce n'est donc pas nous qui devons choisir le moment où cela se passera. Là, nous sommes les témoins privilégiés que la souffrance peut aussi être créatrice, comme le partage poétiquement avec nous Jean Bédard (1999) :

A un moment, la peur de la souffrance a délié son cordon et la douleur a été rendue à sa liberté. Déliée, elle s'est écoulée et s'écoule encore et s'écoulera sans doute encore bien longtemps, mais une souffrance déliée perd peu à peu sa rage, s'assouplit et s'épanche doucement vers la mer. Elle n'est plus un obstacle, mais au contraire un moteur. (p. 94)

La subtilité réside en l'éloge de la fragilité et non en l'apologie de la souffrance, qui est destructrice, notamment parce qu'elle prendra le risque d'enfermer la personne dans une position de victime.

Il me semble par ailleurs que, lorsque la souffrance devient un moteur, elle n'est plus souffrance, mais elle a subi une mutation ; elle est devenue ressource. Je crois aussi qu'il faut tout faire pour éliminer la souffrance. Par contre, la ranger aux oubliettes est le meilleur moyen de l'entretenir, car elle se logera alors là où nous ne l'attendons pas, dans ce que j'appelle « les angles morts de la relation ». Alexandre Jollien (1999) nous dit à ce sujet :

Je dis simplement qu'il faut tout mettre en œuvre pour parvenir à tirer profit, même de la situation la plus destructrice. J'insiste sur les épreuves parce que celles-ci restent inévitables. Rien ne sert de discourir, d'épiloguer des heures durant sur la souffrance. Il faut trouver des moyens pour l'éliminer et, si on ne le peut pas, l'accepter, lui donner sens (p. 56).

Me voilà arrivé dans les derniers mètres de ce voyage. Il a commencé par un travail dense de récit de vie, incluant toutes les sphères de mon existence, suivi par des investigations théoriques. Avant d'aborder la conclusion, je propose une synthèse non-exhaustive de caractéristiques favorisant l'émergence de la réciprocité transformatrice.

SYNTHESE

Quelques incontournables pour l'émergence de la réciprocité transformatrice

- Le regard intérieur intime, *la rencontre avec soi en interaction avec son environnement*, en résonance aux situations professionnelles que nous vivons est le *socle de la réciprocité transformatrice.*

- *Oser partager parfois un peu de son histoire, de son expérience, non pour se raconter, mais pour supporter le processus de l'autre.* Quand nous souffrons, nous nous sentons le plus souvent seul au monde. Le partage que j'évoque a pour effet de briser cette solitude. C'est un pont indispensable pour que circule la réciprocité transformatrice, même si nous ne sommes pas du même côté de la berge que les personnes accompagnées. Ce partage ne doit impérativement pas se faire au sujet de difficultés traversées actuellement par l'intervenant, au risque de transférer sur la personne accompagnée une charge affective qu'elle ne doit pas porter.

- *Cultiver la présence à soi, c'est-à-dire à son corps, à ses gestes, à sa pensée et à ses émotions.* En devenant plus présents à soi, nous devenons pleinement présents dans l'immédiat à l'autre avec qui nous sommes en interaction.

- *Nous sommes d'autant plus aidant si nous tendons à faire le deuil d'aider.* Bien entendu, nous souhaitons que les personnes que nous accompagnons améliorent leur qualité de vie, notamment grâce à notre intervention. D'ailleurs, « la réciprocité suppose la volonté d'un vrai bonheur, pour autrui comme pour soi », écrit Du Roy (1970), cité par Éneau (2005). Cette proposition invite l'intervenant dans des espaces relationnels qui se situent au-delà du paradigme classique de la relation d'aide. C'est adopter aussi une attitude pour "recevoir", qui implicitement ouvre la porte à l'aidé pour "donner".

- *Il est important de reconnaître la possibilité que des sentiments de l'ordre de l'amitié puissent émerger dans la relation avec les personnes que nous accompagnons.* Les protagonistes de la relation d'être se sentiront alors pleinement inscrits dans une relation humaine plutôt qu'uniquement professionnelle. Cela permet de travailler à la "bonne proximité" et de sortir de l'obsession de tout "mettre à distance".

- *Apprivoiser et regarder nos sentiments de finitude, de solitude et d'incertitude* lorsque nous avons le sentiment d'être inutiles, dépassés ou impuissants face aux difficultés rencontrées par les personnes que nous accompagnons. C'est ainsi reconnaître le mystère de la vie et ouvrir des lieux en soi qui peuvent être enrichis par l'autre. C'est le lieu des inquiétudes... mais aussi celui des émerveillements les plus grands ;

considération éthique où, finalement, nous prenons soin de nous et des autres.

- *Quand il n'y a plus rien à faire, tout reste à faire, si nous donnons à l'autre la possibilité de se définir.* Il s'agit de reconnaître ici qu'il y a toujours chez l'autre une partie lumineuse et en santé, même si pour l'instant je n'ai accès qu'à la maladie et à l'ombre. Une attention portée à la potentialité de l'autre lui donnera une occasion de se manifester. De plus, ne dit-on pas que « on trouve ce qu'on cherche ? »

- *S'appuyer sur la contribution et les compétences de la famille, et respecter la loyauté filiale.* Il est question ici de décharger l'intervenant de la responsabilité intenable de posséder à lui seul les réponses à tout. De plus, c'est selon moi du déni de la compétence parentale que proviennent beaucoup de maladresses des intervenants. En effet, certaines interventions faites en ne se fiant qu'aux apparences propulsent des jeunes dans des situations insoutenables de conflit de loyauté. Nous les triangulons ainsi inconsciemment entre la famille et l'institution.

- *Activer les processus d'aide entre les personnes accompagnées.* La compétence de l'intervenant consiste alors à faire le lien entre les potentiels réciproques des jeunes, voire des familles selon les contextes. Il agit sur le processus bien plus que sur le contenu.

CONCLUSION

> *Ma vie, il me semble, n'est pas d'abord une recherche de sens, mais une recherche d'être. Dans l'être, la question du sens s'efface.*
> *Serge Lapointe*

Quelle voie emprunter pour boucler un chemin si important dans le déroulement de mon existence ? Je suis toujours habité du mouvement des spirales de renaissance émanant de l'écriture de cette recherche, à l'instar de Jeanne-Marie Rugira citant Santaner (1992, p. 167) : « Veiller à ne sortir qu'en restant dedans, comme le veulent les lois propres au mouvement de la vie. Le mouvement de la vie, c'est un mouvement qui nous entraîne toujours vers des sorties », je me sens dans l'entre-deux du passage d'un cycle de vie à un autre. Il s'agit donc ici de tenter de conclure un travail, quand ses effets sur mon intériorité ne cessent de me transformer.

Trouver les mots qui symbolisent une fin tout en ouvrant la porte vers de nouveaux horizons à explorer, dans le contexte d'une démarche aussi intense, n'est pas chose aisée. J'aime à dire ici et là aux amis qui m'interrogent sur ma recherche que j'ai la sensation d'avoir « pressé » les trente-cinq premières années de ma vie pour en ressortir l'essence, ou encore la « substantifique moelle ». Effectivement, j'ai l'impression d'avoir fait émerger la question que la vie pose à chaque être humain, comme le suggérait avec justesse Carl Gustave Jung (1991) à la fin de sa vie : « Le sens de mon existence est que la vie me pose une question ou inversement je suis moi-même une question posée au monde et je dois fournir ma réponse sinon je suis réduit à la réponse que me donnera le monde. » Quelle sera la prochaine question ?

La dimension de la réciprocité transformatrice était derrière la question du sens de mon existence jusqu'à aujourd'hui... une question *d'être*. Cette question m'est apparue, le jour où j'ai rencontré pour la première fois le docteur Durand. Donc à partir du jour où j'ai eu la volonté de tisser des liens entre des événements qui visiblement n'en avaient pas. J'emprunte une dernière fois les mots de Jean-François Malherbe (1990) pour étayer la pertinence d'une telle démarche :

« Il est indispensable de raconter sa vie parce que la vie est faite d'événements qui se succèdent et n'ont pas toujours de liens très clairs entre eux. Ces événements qui se succèdent et sont vécus par une même personne demandent à être unifiés. Raconter sa vie permet d'unifier la dispersion de nos rencontres, la multiplicité disparate des événements que nous avons vécus (p. 81). »

Nous l'avons vu, sans un regard tourné vers notre intériorité, la réciprocité transformatrice est impossible. Mais quand elle émerge et se déploie, elle me propulse sur un chemin de découverte. Celui-ci se dessine au rythme des pas qui avancent. Celui où l'accompagnateur et l'accompagné s'enrichissent réciproquement du désir spirituel profond de chaque être humain d'être et de grandir.

Quand on est bien situé en soi, « dans l'être », pour reprendre la formule de Serge Lapointe, et qu'on est pleinement, on devient un lieu d'accueil pour l'autre. Il n'y a plus ni question, ni réponse... le contenu devient le faire-valoir d'un processus, d'une présence qui se déploie. C'est la fin de la dualité. Les mots disparaissent. Leur finitude explose pour faire place à la présence sacrée. Lieu d'étrangeté qui pourtant, lorsque nous le touchons, aussi rare cela soit-il dans une vie, nous susurre à l'oreille qu'il existe au fin fond de notre être. Lieu d'alchimie où je postule que les acteurs en présence sont réciproquement transformés. Durant les rares moments où la réciprocité transformatrice se déploie, je pense que nous agissons au sein de ce lieu. C'est une visée qui sonne comme un idéal, voire une utopie. Ma façon d'être dans mon travail tente de se rapprocher de cet idéal. Cette réflexion sur la réciprocité transformatrice est un stimulant pour que des ponts se créent et se connectent à la potentialité des acteurs en présence dans la relation d'être. Rappelons-nous les propos pertinents de Philippe Gaberand (1998) sur le projet utopique dans le cadre de la relation éducative : « Je reste convaincu que tout engagement éducatif doit se faire sur la base d'un projet utopique et que l'écart entre la promesse initiale et le résultat atteint ne traduit pas forcément un échec (p. 128). » Bien au contraire, une prise de conscience de cet écart additionnée à un engagement sincère dans la relation d'accompagnement ouvrent des espaces d'émancipation.

Nous avons constaté, avec l'exemple de Fred et de Monsieur Leroux, que la présence réciproquement transformatrice implique et contient un dépassement de soi, une actualisation d'un nouveau potentiel. C'est peut-être de ces instants de dépassement que va finir par éclore « la question que nous pose la vie ». J'aime à penser que c'est à cet instant qu'elle sort de l'eau pour montrer le bout de son nez, à la pointe visible de l'iceberg. Il faut oser plonger et faire confiance à la vie pour la faire remonter à la surface de l'existence. Il est indéniable que pour ce faire nous ne pouvons faire l'économie de considérer, plus ou moins, nos zones d'ombre, de souffrances ; ces endroits de notre personne où nous avons le sentiment que l'expression de notre être est rétrécie. Être éducateur, intervenant, implique de prendre soin de nos lieux ombragés pour être en mesure autant que possible d'accueillir l'ombre des personnes que nous accompagnons, lorsqu'elles choisiront de l'exprimer, autant que pour tenter de ne pas les encombrer avec ses zones d'ombres, par des projections inconscientes par exemple.

La question du respect de ce choix est fondamentale. Quoiqu'il arrive, il est primordial de favoriser le plaisir et les moments de partage d'une joie simple. Une jeune que j'ai accompagnée me le rappelait dernièrement. Alors que nous fêtions son départ du Centre et que nous faisions un tour de table pour nous rappeler ce que les uns et les autres retenaient de sa relation avec cette jeune, elle me dit : « Avec toi Christophe, je vais me rappeler les moments où le soir tu me racontais des histoires et aussi quand on se chamaillait. Qu'est-ce que je riais ! » Elle évoquait les moments où on s'amusait en se bagarrant. C'est ce qu'elle retenait de plus important dans le travail de toute une année ! Belle leçon d'humilité... Elle nous rappelle un incontournable de la vie qu'évoquait Alexandre Jollien : ne pas oublier aussi de « combattre joyeusement ». La légèreté, les bonheurs simples de la vie, c'est la nécessaire expiration de l'inspiration intime pour que nos transformations prennent corps dans nos âmes et nos cœurs. Un passeport pour la promotion de l'Être...

Grâce à l'éclairage d'un ami, j'ai appris qu'un dépassement pouvait aussi être une réparation symbolique de la relation entre nos parents. La lecture complète de mon récit de vie l'éclairait en terme de compréhensions du titre de mon mémoire (La réciprocité transformatrice au centre de la relation d'accompagnement). Il m'expliquait que c'était comme s'il y avait, dans la relation entre mon père et ma mère, une douloureuse et impossible « réciprocité créatrice ». Annick de Souzenelle (1991) nous entraîne symboliquement sur ces traces filiales lorsqu'elle écrit : *« En ce monde, nos enfants meurent de ce que nous n'accouchons pas à l'intérieur de nous-mêmes d'un "fils" nouveau, premier-né d'abord, qui, de morts en renaissances successives, au-dedans de nous, construit la totalité de nous-mêmes, notre NOM secret, divin ! (p. 171 et 172). »*

Mon ami entendait mes douleurs nichées dans cette relation qui, comme dans une nef, devient dans « mon » travail la mise au monde d'une réciprocité transformatrice que je tente de déployer dans la relation d'accompagnement ; proposition où éclate une fois de plus l'idée de clivage entre la vie personnelle et la vie professionnelle.

Arrivé aux dernières lignes de ce voyage, si j'avais un souhait à formuler, ce serait celui-ci : que la lecture de cette recherche soit entendue par le lecteur de son propre lieu d'intériorité, et qu'elle fasse résonner en termes de visages, de noms, des moments significatifs porteurs du souffle de la réciprocité transformatrice.

POSTFACE

par Jeanne-Marie Rugira,

professeur à l'université du Québec à Rimouski

Christophe,

Tu m'as demandé d'écrire la postface de ton livre. Comment pourrais-je m'y soustraire ? Il y a tant de chaleur, tant de confiance, tant d'amitié dans ton appel. Tu me disais la joie que tu aurais de voir mon nom à côté du tien sur ce livre, moi qui eus le privilège d'être le témoin des débuts de l'itinéraire qui en a permis la rédaction. Je me permets d'évoquer notre rencontre qui fût incontestablement l'occasion d'une expérience d'accompagnement réciproque et transformatrice :

Un bon matin d'automne, je prépare tranquillement le début d'une autre année académique, lorsque le téléphone sonne. C'est la voix d'un ami, un compagnon aux identités multiples, un mentor, un modèle. C'est le professeur Gaston Pineau, le père de tout un réseau de fraternité et de compagnons de recherche. Il m'avise qu'il y a un jeune éducateur, français d'origine, installé depuis peu au Québec, qui vraisemblablement a la même sensibilité que moi, et qui en plus, semble s'intéresser aux mêmes questions que moi. Il va sûrement te faire signe sous peu, il se cherche un programme de maîtrise et un directeur de recherche. Je crois que votre collaboration pourrait être fructueuse et pour vous deux. J'ai l'habitude d'écouter Gaston quand il parle ainsi, je ne l'ai jamais vu se tromper dans ses intuitions en ce qui concerne les relations et les collaborations prometteuses.

Quelques semaines plus tard, tu me faisais signe en me disant que Gaston t'avait conseillé *la maîtrise en études des pratiques psychosociales*, et t'avait recommandé de travailler avec moi si cela nous convenait tous les deux. On a commencé par nous parler de nos intérêts et de nos projets... En peu de temps on était déjà engagé dans une collaboration qui a été fort nourrissante tout au long de ton processus de recherche et d'écriture et qui d'ailleurs continue de l'être.

Ton texte Christophe je te l'ai déjà dit, a l'immense mérite de poser la question de *la réciprocité* au sein de *la relation d'accompagnement* mais surtout d'oser la placer au cœur de l'enjeu de transformation que visent toutes intentions et action d'accompagnement. À sa lecture nous sommes invités à réfléchir autour de la notion de réciprocité transformatrice. Une notion centrée d'abord sur l'idée que le projet d'accompagnement ne consiste pas à savoir à la place de l'autre ce qui est bien pour lui, et encore moins de le lui imposer. Ensuite, sur l'idée que l'accompagnement consiste à partager le projet de demeurer à la recherche de la justesse au sein d'un dialogue ouvert à propos de ce qui est appelé à changer, au sein des décisions concertées et des actions justes posés au bon moment par l'acteur approprié. La notion de réciprocité transformatrice ajoute à ces deux idées, une troisième qui est loin d'être la moindre, stipulant qu'au centre de tout accompagnement il y a une rencontre, et que personne ne sort indemne d'une véritable rencontre. Ce qui veut dire que l'acte d'accompagner ne transforme pas uniquement les accompagnés mais change également et radicalement les accompagnateurs.

Si le concept semble simple, je crois que sa réalisation est moins aisée. Elle exige de la part des accompagnateurs de passer de la posture *«d'expertise»* à une posture *d'accompagnement de la personne dans son propre processus et à son rythme.* Ce changement n'est pas du tout simple, il est même déstabilisant pour les professionnels de l'accompagnement. C'est un changement qui touche à l'identité professionnelle, aux valeurs personnelles et professionnelles, aux représentations de soi, à tout ce qui fait que l'on se sent en cohérence avec soi-même, qu'on se sent compétent, utile, valorisé et capable de garder un contrôle sur ses manières de se comporter, et de conserver un sentiment de continuité. Comme nous le dit avec pertinence Christophe Gaignon, On ne peut opérer ce changement, sans passer par un *dépassement du clivage vie professionnelle vie personnelle.*

Cohérent avec ses postulats, l'auteur de ce texte situe son travail de recherche au carrefour de sa vie personnelle et professionnelle. Entraîné au cœur de ce carrefour, le lecteur découvre alors la pertinence de ce questionnement car il est lui-même interpellé pour devenir *« un praticien réflexif »,* qui doit travailler en tenant compte de la subjectivité de l'accompagné, de sa propre subjectivité ainsi que des multiples interactions avec les systèmes auxquels les deux appartiennent.

Ce texte fait ce qu'il dit, il instaure la réciprocité et le lire est absolument transformateur. En effet, il nous met sans tarder au contact de notre propre expérience d'incarnation humaine, entre la mort et l'amour, entre les pertes et les deuils, l'exil et les rencontres, ainsi que des multiples expériences de renaissance. L'auteur nous fait voyage au cœur de notre propre vie, par un jeu subtil qui nous exige de partir de notre propre rive pour nous associer à ce qu'il nous raconte tout en le laissant nous rejoindre au plus profond de qui nous sommes. En pénétrant une situation tout à fait unique et particulière, nous parvenons à entendre, à accueillir et à nous laisser rejoindre par la part universelle logée au sein de chaque singularité. Nous apprenons également *la sollicitude* comme dirait Bernard Honoré (2003). Il s'agit de s'assurer dans chaque situation où nous nous trouvons, que l'autre a toujours la possibilité de répondre, selon *sa propre manière d'être un autre*, à ma sollicitude et à certaines de mes préoccupations qui nous impliqueraient ensemble.

D'autre part, ce texte appelle à une révolution de nos pratiques d'accompagnement. Il nous invite à sortir de nos habituels réflexes de contrôle social et institutionnel, de protection de notre autorité professionnelle et de nos fragilités personnelles, pour contribuer à l'établissement de conditions facilitant l'émergence des potentialités et des solidarités, pour accompagner, s'émerveiller, apprendre et se transformer mutuellement. L'accompagnement devient ainsi une entreprise éthique où chaque sujet peut devenir créateur de son propre sens, de sa propre façon de devenir plus humain, où ensemble les sujets apprennent à créer un sens inédit, collectif et social à leur commune aventure.

BIBLIOGRAPHIE

Abels, Christine. 2000. *Enfants placés et construction d'historicité.* Paris : Éditions l'Harmattan, collection Histoire de Vie et Formation. 232 pp.

Ausloos, Guy. 1995. *La compétence des familles.* St-Agne : Éditions Érès. 173 pp.

Ausloos, Guy. 1998. *Avis sur l'organisation des services de réadaptation pour les jeunes qui présentent une double problématique de troubles du comportement et de problème de santé mentale.* Rapport du gouvernement du Québec.

Beaulieu, Colette. 1995. « Prendre soin de soi ». *L'infirmière du Québec*, novembre/ décembre.

Bédard, Jean. 1998, 1999. *Maître Eckart.* Paris : Éditions Stock. 351 pp.

Bédard, Jean. 2001. *Nicolas de Cues.* Montréal : Éditions de l'Hexagone. 285 pp.

Blanchet, Suzanne. 1993. « Comprendre sa propre souffrance pour accompagner l'autre dans la sienne ». *L'infirmière du Québec*, novembre /décembre.

Bordeleau, Érik. 2003. « Défamiliariser le familier : L'expérience chinoise de la fadeur comme modèle d'expertise éthique ». Rimouski : Université du Québec à Rimouski,

Bouillier, Grégoire. 2002. *Rapport sur moi.* Paris : Éditions Allia.

Bowlby, John. 1978. *Attachement et perte,* vol. 1 : *L'attachement.* Paris : Éditions Presse Universitaire de France. 539 pp.

Bowlby, John. 1984. *Attachement et perte,* vol. 3 : *La perte.* Paris : Éditions Presse Universitaire de France, Paris. 604 pp.

Boszormenyi-Nagy, Ivan. 1980. *Une théorie des relations : expérience et transaction.* Paris : Éditions Presse Universitaire Française.

Boszormenyi-Nagy, Ivan; G.M. Spark.. 1973 *Invisible Loyalties : Reciprocity in Intergenerational Family Therapy.* New-York: Éditions Harper and Row. 408 pp.

Boszormenyi-Nagy, Ivan; B.R. Krasner. 1986. *Between Give and Take, a clinical guide to contextual therapy.* New-York: Éditions Brunner/Mazel. 432 pp.

Buber, Martin. 1969. *Je et Tu.* Paris : Éditions Aubier. 172 pp.

Cousinet, Roger. 1945. *Une méthode de travail libre par groupes.* Paris : Éditions Cerf. 144 pp.

Craig, Peter Erik. 1978. *The heart of the teacher.* Boston: Boston University Graduate School of Education.

Cyrulnik, Boris. 1999. *Un merveilleux malheur.* Paris : Éditions poches Odile Jacob. 238 pp.

Cyrulnik, Boris. 2001. *Les vilains petits canards.* Paris : Éditions Odile Jacob. 278 pp.

Cyrulnik, Boris. 2002. *Émission TV Le Point.* Montréal : Radio-Canada.

Cyrulnik, Boris. 2003. *Le murmure des fantômes.* Paris : Éditions Odile Jacob. 259 pp.

Delumeau, Jean. 1983. *Le péché et la peur : la culpabilisation en Occident- XIIIè-XVIIIè siècle.* Paris : Éditions Fayard. 741 pp.

Du Roy, O. 1970. *La réciprocité – Essai de morale fondamentale.* Paris : EPI

Elkaïm, Mony. 1989. *Si tu m'aimes ne m'aimes pas.* Paris : Éditions du Seuil. 219 pp.

Éneau, Jérôme. 2005. *La part d'autrui dans la formation de soi.* Paris : Éditions L'Harmattan, collection Histoire de Vie et Formation.

Fortin, Pierre; Parent Pierre-Paul (sous la direction de). 2004. *Le souci éthique dans les partiques professionnelles. Guide de formation.* Paris : Éditions L'Harmattan, collection Éthique en contexte.

Foucault, Michel. 1981. *Histoire de la sexualité 1 : la volonté de savoir.* Paris : Éditions Gallimard-NRF.

Gaberand, Philippe. 1998. *Être éducateur dans une société en crise.* Paris : Éditions ESF. 140 pp.

Gadamer, Hans-Georg. 2002. *Les chemins de Heidegger.* Paris : Éditions Vrin. 289 pp.

Galvani, Pascal. 2004. « L'exploration des gestes et des moments opportuns en études des pratiques psychosociale ». Proposition d'article pour la revue *Interaction*, Rimouski.

Garanderie, Antoine de La. 1991. *La motivation.* Paris : Éditions Bayard. 130 pp.

Gaulejac, Vincent de. 1999. *L'histoire en héritage : Roman familial et trajectoire sociale.* Paris : Éditions Desclée de Brower. 222 pp.

Gendreau, Gilles. 1993. *Briser l'isolement.* Montréal : Éditions sciences et cultures. 329 pp.

Golbetter-Merinfeld, Edith. 1999. *Le deuil impossible.* Paris : Éditions ESF. 94 pp.

Gomez, Jean-François. 1981. *Mort d'un pédagogue.* Toulouse : Éditions Privat. 214 pp.

Heireman, Magda. 1989. *Du côté de chez soi, La thérapie contextuelle d'Ivan Boszormenyi-Nagy.* Paris : Éditions ESF. 156 pp.

Jabès, Edmond. 1984. *Le livre du dialogue.* Paris : Éditions Gallimard. 120 pp.

Jollien, Alexandre. 1999. *Éloge de la faiblesse.* Paris : Éditions Cerf. 101 pp.

Jollien, Alexandre. 2002. *Le métier d'homme.* Paris : Éditions du Seuil.

Jourard, Sidney M. 1971. *The transparent self.* New-York: Éditions D. Van Nostrand. 250 pp.

Jung, Carl Gustave. 1961. *Ma vie.* Paris: Éditions de 1973 Collection Témoins Gallimard. 528 p.

Krishnamurti, Jiddu. 1979. *La première et dernière liberté.* Paris : Éditions Stock. 317 pp.

Labelle, Jean-Marie. 1996. *La réciprocité éducative.* Paris : Éditions Presse Universitaires de France. 312 pp.

Lapointe, Serge. 2004. « La question de l'être et du sens en histoire de vie ». Communication au 10e Symposium du Réseau québécois pour la pratique des histoires de vie. Montmagny.

Larrosa, Jorge. 1998. *Apprendre et être.* Paris : Éditions ESF. 169 pp.

Le Campus des Quatre Vents des Centres jeunesse de Lanaudières (candidature déposée par). 2003. *Une approche personnalisée pour des jeunes présentant un double diagnostic.* Saint-Donat, Québec. Janvier.

Lévesque, Jacinthe. 2000. *Vers une relation éducative réciproque.* Rimouski : Université du Québec à Rimouski, Mémoire de la maîtrise en éducation. 90 pp.

Lopez Petit, Santiago. 2003. *El infinito y la nada.* Barcelone : Éditions Bellatara.

Loubet, Jacques. 2003 (1ère édition 2000). *Le savoir-faire éducatif.* Ramonville Saint-Agne : Éditions Érès. 120 pp.

Louf, André. 1992. *La grâce peut davantage: L'accompagnement spirituel.* Paris : Édition Desclée de Brouwer. 226 pp.

Malherbe, Jean-François. 1990. *Pour une éthique de la médecine.* Deuxième édition revue et corrigée. Bruxelles : Éditions Ciaco.

Malherbe, Jean-François. 1997. *La conscience en liberté.* Québec : Éditions Fidès. 69 pp.

Maslow, Abraham H. 1971. *The farther reaches of human nature.* New-York : Éditions Viking Press. 407 pp.

Mounier, Emmanuel. 1949. *Le personnalisme.* Paris : Éditions Presse Universitaires de France. 127 p.

Moustakas, Clark. 1968. *Heuristic Research.* Cambridge: Howard A. Doyle Publishing Company. 130 pp.

Nédoncelle, Maurice. 1957. *Vers une philosophie de l'amour et de la personne.* Paris : Éditions Aubier. 272 pp.

Nédoncelle, Maurice. 1977. *Sensation séparatrice et dynamisme temporel des consciences.* Paris : Éditions Bloud et Gay.

Pauzé, Robert. 1996. *Gregory Bateson, itinéraire d'un chercheur.* Ramonville Saint-Agne : Éditions Érès. 153 pp.

Pineau, Gaston; Marie Michelle. 1993. *Produire sa vie : autoformation et autobiographie.* Montréal : Éditions Saint-Martin. 419 pp.

Polanyi, Michael. 1964. *Personal knowledge : Toward a post-critical philosophy.* New-York : Éditions Harper Torchbooks. 428 pp.

Ricoeur, P. (1ère édition 1990) 1994. *Soi même comme un autre.* Paris : Éditions du Seuil.

Ricoeur, P. 2004. *Parcours de la reconnaissance.* Paris : Éditions Stock.

Rilke, Reiner Maria. 1937. *Lettres à un jeune poète.* Paris: Bernard Grasset. 149 pp.

Rogers, Carl. 1970. *The science of psychology : Critical reflections.* New-York : Éditions D. Schultz. 402 pp.

Rugira, Jeanne-Marie. 1999. *La souffrance comme expérience formatrice : Lieu d'autoformation et de coformation.* Rimouski : Thèse présentée à l'Université du Québec à Rimouski comme exigence partielle du Doctorat en éducation.

Santaner, Marie-Abdon. 1992. *De l'exode à l'exil : au prix du corps.* Paris : Éditions Desclée de Brouwer.

Souzenelle, Annick de. 1991. *L'Égypte intérieur ou les dix plaies de l'âme.* Paris : Éditions Albin Michel. 219 pp.

Stanké, Josette. 1999. *À nos amours.* Neuilly-sur-Seine : Éditions Michel Lafont.

Trigano, Samuel. 2001. *Le temps de l'exil.* Paris : Éditions Payot et Rivages. 113 pp.

Withaker, Carl. 1998 pour l'édition Française. *Les rêveries d'un thérapeute familial.* Paris : Éditions ESF. 253 pp.

Yalom, D. Irvin. 1991. Le psy, bourreau de l'amour. Paris : Éditions Albin Michel. 294 pp.

653861 - Mai 2016
Achevé d'imprimer par
1livre.com
du rêve à la réalité !